MANEJO EFICAZ DE LA IRA PARA ADOLESCENTES

MANEJA LA FRUSTRACIÓN, PON FIN A LA RABIA Y CONSTRUYE UNA VIDA MÁS FELIZ MÁS FELIZ: NAVEGA POR LAS TORMENTAS DE LA ADOLESCENCIA CON ATENCIÓN PLENA, EMPATÍA Y FORTALEZA

Emma Davis

ÍNDICE

This page has been intentionally left blank

INTRODUCCIÓN

Si eres paciente en un momento de ira, te librarás de cien días de tristeza.

- Proverbio chino

¿ALGUNA VEZ HAS sentido dentro de ti una tormenta tan fuerte que amenazaba con desatarse y causar estragos? Si eres un adolescente o alguien que se preocupa mucho por uno, conoces muy bien esta tormenta. Es la tormenta de la ira, una emoción feroz y a menudo incomprendida que puede sentirse tan parte de ti como los latidos de tu propio corazón. Pero, ¿y si te dijera que esta tormenta no sólo encierra el potencial de la destrucción, sino también el poder de un cambio increíble? Esto no es sólo una guía; es un viaje al corazón de tu tempestad, donde aprenderemos juntos a aprovechar este poder, transformándolo en una fuerza de autocontrol, mejores relaciones y bienestar emocional.

En este viaje, no sólo buscamos "gestionar" la ira en el sentido tradicional, en el que se reprimen los sentimientos y se ocultan las emociones. Lo que pretendemos es comprender sus raíces, comunicar sus mensajes con eficacia y canalizar su energía de forma constructiva. Este enfoque no consiste en negar lo que sientes, sino en aceptar tus emociones como señales valiosas que te guían hacia la comprensión de ti mismo y de cómo interactúas con el mundo que te rodea.

Al escribir este libro, me baso en mi amplia experiencia y conocimientos como trabajadora social clínica y terapeuta. A través de mi trabajo con adolescentes que se enfrentan a diversos retos prácticos y emocionales, he sido testigo de primera mano de lo que la ira puede hacer a las crecientes mentes impresionables de los adolescentes. Tampoco soy nueva en esto de los niños y sus rabietas, ya que como madre de nueve hijos, entiendo los altibajos de la adolescencia. Mi experiencia me ha enseñado que un gran número de adolescentes se encuentran en una encrucijada, a punto de sufrir una transición, y buscan la manera de enfrentarse al laberinto de sus propias emociones. La emoción de la ira, compañera continua de muchas personas, tiene el potencial de avivar las llamas de la destrucción o, en su caso, de arrojar luz sobre el camino hacia el desarrollo personal y el empoderamiento. Este libro es un faro para las personas que se pierden en la oscuridad, pues les proporciona una vía para encontrar el camino de vuelta a sí mismas y al poderoso potencial que yace en su interior.

La ira puede ser una bestia bastante letal, difícil de manejar por uno mismo. Como consecuencia de los retos a los que se enfrentan los adolescentes, como la presión social, el estrés escolar, la búsqueda de la identidad y la batalla por la autonomía, esta bestia parece hacerse aún más temible al llegar a la adolescencia. La ira susurra falsedades de aislamiento, de que estás solo en tu rabia, de que nadie te comprende y de que no hay forma de contener el fuego salvaje que arde en tu interior.

Sin embargo, la verdad contiene libertad en multitudes. Te libera. Cuando se escucha con intención, la ira no es una bestia, sino una señal, un mensaje que puede conducir a un profundo autoconocimiento y a una verdadera transformación. Imagina a un adolescente, Alex, que siente una oleada de ira cada vez que le interrumpen mientras habla. A primera vista, esta ira podría parecer una simple reacción a la frustración. Sin embargo, al escuchar este enfado con intención, Alex empieza a comprender que no se trata sólo de ser interrumpido; es un sentimiento profundamente arraigado de no ser escuchado e infravalorado que ha perdurado durante años.

Alex se dio cuenta de esto durante una cena familiar, una situación habitual en la que las interrupciones eran frecuentes. En lugar de reaccionar como de costumbre, Alex decidió reflexionar sobre por qué esa acción concreta le provocaba una ira tan intensa. Al escribir en su diario sobre la experiencia y comentarla en un momento de calma con un miembro de la familia, Alex descubrió que ese enfado era en realidad una señal que apuntaba a una necesidad de respeto y de ser valorado dentro de su dinámica familiar.

Guiado por esta nueva comprensión, Alex inició una conversación con su familia sobre los estilos de comunicación y la importancia de ser escuchada. Esto no sólo mejoró sus interacciones familiares, sino que también capacitó a Alex para expresar sus sentimientos y necesidades con mayor claridad en otras relaciones, lo que condujo a una transformación positiva en el mundo emocional de Alex.

El propósito de este libro es disipar los mitos que rodean a la ira, disipar el miedo y la incomprensión que a menudo la acompañan, y desvelar el poder y el conocimiento que la ira puede dar. Mi dedicación al empoderamiento de los jóvenes va más allá de la escritura: dirijo una consulta de terapia y una agencia de educación financiera adaptada a los adolescentes, y ofrezco cursos en línea sobre habilidades interpersonales, gratitud y felicidad. Con esta amplitud de experiencia y conocimientos, me encuentro en una posición única para guiar a los lectores a través del viaje transformador que supone comprender y gestionar eficazmente su ira. Es casi un impulso y un sentido de la responsabilidad lo que ha motivado este empeño.

En este libro, emprenderá un viaje de descubrimiento e investigación a medida que avanza por estas páginas. Investigarás la neurociencia que subyace a la ira, llegando a comprender cómo funciona el cerebro de un adolescente de distintas maneras que influyen en las reacciones emocionales. Adquirirás la capacidad de diferenciar entre experimentar la ira y actuar en consecuencia, y llegarás a ver que el espacio que existe entre ambas es donde se encuentra tu esfera de influencia.

Este camino no consiste simplemente en aprender a controlar la ira, sino en adquirir una conciencia más profunda de quién eres. Es importante reconocer tus desencadenantes, pero es igualmente importante comprender las razones de su existencia. La clave está en ver los patrones que surgen en tus respuestas y adquirir las habilidades necesarias para reescribir esos guiones. A través de esta experiencia, aprenderás a comunicar tus necesidades y sentimientos de un modo constructivo y no destructivo, que fomente la conexión y no la distancia.

Una vez que tengas este conocimiento, se te presentará un conjunto de tácticas que no sólo pretenden ayudarte a sobrellevar la situación, sino también a prosperar con mayor eficacia. Tienes a tu disposición diversas herramientas, como métodos de atención plena que te ayudarán a mantener el equilibrio en medio de la tormenta, habilidades de comunicación que te permitirán abrir puertas en lugar de cerrarlas, y salidas creativas que te permitirán canalizar tu energía de forma productiva.

Con el fin de elaborar una guía completa que pase de la comprensión a la acción, cada capítulo está organizado de tal manera que se basa en el anterior. Adquirirás los conocimientos y habilidades necesarios para calmarte rápidamente mediante el uso de ejercicios prácticos, técnicas de confrontación constructiva y tácticas para reflexionar sobre tu ira en el momento presente. Este libro no proporciona una solución de aplicación universal, sino una estrategia de personalización que tiene en cuenta su singularidad.

En este libro se recogen las experiencias de jóvenes que, como tú, se han enfrentado a sus sentimientos de ira y han salido de la experiencia más resilientes que antes. No se trata sólo de una colección de historias de éxito, sino de una descripción genuina de la lucha, los fracasos y los pequeños triunfos que, en última instancia, se traducen en mejoras significativas. Al leer estas experiencias, te darás cuenta de que no eres el único que experimenta estas emociones o dificultades. Hay una comunidad de personas a tu alrededor que han recorrido este camino antes que tú, que se han enfrentado a la bestia y han descubierto cómo convivir con ella de forma armoniosa. Este libro se basa en esa esperanza.

¿Por qué leer este libro?

Llegados a este punto, puede que te estés preguntando por qué he decidido ser tu guía a lo largo de esta aventura. Mi trayectoria en el campo de la psicología y mi trabajo con adolescentes han abarcado varias funciones clave, cada una de las cuales ha ofrecido perspectivas y retos únicos que han enriquecido mi comprensión de la dinámica emocional y conductual de los jóvenes.

En calidad de tal, he llevado a cabo sesiones de terapia individual con adolescentes, abordando temas que van desde la ansiedad y el estrés leves hasta afecciones más complejas como la depresión y el control de la ira. Estos entornos íntimos han permitido profundizar en las experiencias individuales de la ira, sus desencadenantes y sus efectos en el funcionamiento personal y social.

Trabajando en instituciones educativas, he tenido el privilegio de guiar a los jóvenes a través de los retos cotidianos de la adolescencia. Este papel ha implicado tanto iniciativas educativas proactivas para enseñar a los estudiantes sobre regulación emocional como intervenciones reactivas para mediar en conflictos y proporcionar apoyo en situaciones de crisis.

Mi viaje de ida y vuelta al corazón de la ira no es sólo una búsqueda profesional; es una expedición personal marcada tanto por el desafío como por el descubrimiento. Mis cimientos en este campo se basan en una sólida formación académica en psicología, donde profundicé en las complejidades de las emociones y el comportamiento humanos, obteniendo títulos que no solo me proporcionaron una profunda comprensión de los conceptos teóricos, sino que también me dotaron de las herramientas para aplicar estos conocimientos en entornos prácticos.

Más allá de las aulas y los libros de texto, mi trayectoria profesional me ha llevado a trabajar estrechamente con adolescentes, guiándoles en sus años más turbulentos. Este trabajo ha abarcado diversos entornos, desde la práctica privada y el asesoramiento escolar hasta los programas comunitarios de salud mental. Cada experiencia ha enriquecido mi perspectiva, permitiéndome ser testigo de primera mano del poder transformador de abordar la ira de forma constructiva.

Sin embargo, el aspecto más convincente de mi experiencia viene de navegar por mis propias tormentas de ira. Como muchos, he sentido el feroz agarre de las frustraciones no expresadas y el aislamiento que puede acompañar a las emociones incomprendidas. Mi viaje personal a través de la comprensión de mi ira, aprendiendo a escuchar sus mensajes y aprovechando su energía para el cambio positivo, ha sido a la vez desafiante y esclarecedor. Este camino no sólo ha profundizado mi empatía y conexión con aquellos a los que ayudo, sino que también ha solidificado mi creencia en el potencial de crecimiento y transformación personal a través de la exploración intencionada de nuestras emociones.

Equipado con esta mezcla de pericia profesional y experiencia personal, me presento ante ustedes no sólo como un guía, sino como un compañero de viaje. Este libro es una invitación a caminar juntos en un viaje de comprensión, transformando la forma en que vemos e interactuamos con nuestra ira. Se trata de convertir lo que a menudo se siente como un enemigo en uno de nuestros aliados más perspicaces, conduciéndonos hacia un mayor conocimiento de nosotros mismos, mejores relaciones y bienestar emocional.

He experimentado tanto el dolor de las palabras que no se dijeron como la pena de las palabras que no se pueden retirar. Mi experiencia me ha demostrado que permitir que la ira se desborde sin control puede provocar la pérdida de oportunidades, relaciones e incluso del propio sentido de la autoestima.

Sin embargo, lo más significativo es que me he dado cuenta del potencial transformador de comprender y controlar ese poder de la furia. No pongo a tu disposición estas enseñanzas desde una posición de superioridad; más bien, lo hago desde un punto de experiencia compartida y empatía. La razón por la que estoy aquí para ayudarte no es porque nunca haya fracasado; más bien, es porque he fracasado en el pasado y, sin embargo, he logrado superarlo.

Quiero animarte a dar un valiente paso adelante a pesar de que nos encontramos juntos en el precipicio de este viaje. Este libro es más que una simple guía; es una llamada a la acción: una llamada a afrontar y aceptar tus sentimientos, a mejorar tu relación con la ira y a encontrar el imparable sentimiento de verano que llevas dentro.

Si es así, empecemos. Trabajando juntos, investigaremos el terreno de tus sentimientos y descubriremos los instrumentos y métodos que necesitas para atravesar con éxito la complejidad de la rabia. Examinaremos los conceptos erróneos, nos enfrentaremos a las ansiedades y, para cuando llegues a la conclusión, no sólo tendrás un conocimiento más profundo de tu ira, sino también una estrategia minuciosa para utilizarla como motor de desarrollo y transformación personal.

Juntos, vamos a dar el primer paso en un viaje que promete transformar no sólo tu forma de enfrentarte a la ira, sino también cómo te percibes a ti mismo y tu papel en el mundo.

CCAPÍTULO 1

La naturaleza de la ira en la adolescencia

Por cada minuto que permanezcas enfadado, renuncias a sesenta segundos de tranquilidad.

- Ralph Waldo Emerson

A LO LARGO DE la adolescencia, la ira es una energía poderosa, a menudo incomprendida y denigrada. Tanto si aflora1 durante una discusión, como si se está gestando bajo la superficie o nos impulsa hacia obstáculos o transformaciones imprevistas, puede estallar en cualquier momento. Pero en el fondo, la rabia no es más que un mensaje que, cuando se comprende, puede mostrarnos muchas cosas sobre nuestros límites, prioridades y deseos. Este capítulo disipa las creencias populares sobre la ira y sus causas estudiando la naturaleza de esta rabia. Comprender la naturaleza polifacética de la ira es sólo el principio. Lo que realmente cambia nuestro mundo es lo que decidimos hacer con esta comprensión. Al comprometernos intencionadamente con nuestra ira, no como adversario sino como guía, iniciamos un profundo viaje de autodescubrimiento y crecimiento. No se trata de algo meramente teórico, sino de un camino práctico hacia la transformación. A medida que aplicamos estas ideas, comprometiéndonos con un viaje de reflexión y acción intencionadas, empezamos a ver cambios tangibles en nuestras vidas y relaciones.

Exploremos cómo se desarrolla este viaje, que nos lleva a dos resultados fundamentales que redefinen nuestra interacción con la ira.

Incidente 1

Situation: A minor disagreement occurs between a parent and their adolescent child.

Reacción: El hijo adolescente reacciona gritando al progenitor, perdiendo el control de sus emociones en el calor del momento.

Incidente 2

Situación: Se produce un pequeño desacuerdo similar, en el que está implicado otro adolescente.

Reacción: Este adolescente opta por retirarse en silencio a su habitación, evitando la confrontación directa, pero aún hirviendo de rabia internamente.

A pesar de las marcadas diferencias en estas reacciones -una externa y explosiva, la otra interna y reprimida-, ambas están impulsadas por la misma emoción subyacente: la rabia. La variación en las respuestas puede atribuirse a una compleja interacción de factores, como el funcionamiento único del cerebro adolescente, que aún está desarrollando su capacidad para regular las emociones; las experiencias individuales, que determinan cómo se aprende a expresar o reprimir las emociones; y las expectativas culturales, que dictan las formas socialmente aceptables de mostrar la ira. Estos ejemplos ilustran que, aunque la ira puede manifestarse en comportamientos muy diferentes, comprender su raíz y sus influencias es crucial para abordar las necesidades emocionales que subyacen a estas reacciones.

En este capítulo, disiparemos algunos de los conceptos erróneos más comunes sobre la ira y examinaremos su doble naturaleza como problema y como oportunidad para el desarrollo personal. También examinaremos la conexión especial entre la ira y el cerebro adolescente. La comprensión y la empatía son vitales para gestionar los altibajos de la ira adolescente, que este capítulo pretende esclarecer mediante anécdotas, datos e investigaciones actuales.

La naturaleza de la ira en los adolescentes

La adolescencia es un periodo marcado por profundas transformaciones que van más allá del crecimiento físico visible. Es una época de intensas subidas hormonales y un importante desarrollo neurológico, que puede crear un torbellino de emociones y reacciones que tanto los adolescentes como sus tutores suelen encontrar desconcertantes. La exploración de la ira, especialmente en el contexto de estos cambios adolescentes, es crucial para entender por qué las emociones pueden parecer tan amplificadas durante estos años.

Como señala el doctor Charles Spielberger, psicólogo con una carrera dedicada al estudio de la ira, ésta abarca un amplio espectro que va desde el enfado leve hasta la furia y el odio intensos. No se trata de un mero cambio emocional, sino que va acompañado de cambios hormonales y fisiológicos tangibles. Por ejemplo, cuando surge la ira, se produce un aumento observable de los niveles de adrenalina y noradrenalina. Esta respuesta hormonal desencadena una cascada de reacciones físicas, como la aceleración del ritmo cardíaco y la elevación de la tensión arterial, que preparan al organismo para la amenaza o el desafío percibidos. Estas reacciones forman parte de la respuesta de lucha o huida del organismo, un mecanismo de supervivencia que, si bien es vital, puede llevar a estados de agresividad exacerbada o de retraimiento en situaciones en las que estas reacciones intensas no están justificadas.

Comprender estos cambios fisiológicos es fundamental, especialmente en los adolescentes, cuyo panorama hormonal ya está en plena ebullición. Este período de cambios rápidos y a veces confusos puede hacer que las experiencias de ira sean especialmente intensas, haciendo que los adolescentes se sientan abrumados o, por el contrario, desconectados de sus emociones. Al situar nuestra exploración de la ira en el contexto más amplio del desarrollo adolescente, pretendemos arrojar luz sobre cómo estos cambios biológicos desempeñan un papel fundamental en la forma en que se experimenta y se expresa la ira. Reconocer los procesos biológicos subyacentes puede capacitar tanto a los adolescentes como a quienes les rodean para navegar por estas aguas turbulentas con mayor empatía y eficacia, lo que en última instancia conduce a formas más sanas de gestionar y expresar la ira.

> Comprender los cambios fisiológicos detrás de la ira adolescente es fundamental para navegar estas emociones turbulentas con empatía y eficacia.

Tanto los factores internos como los ambientales pueden contribuir al desarrollo de la ira. La ira puede dirigirse contra una persona concreta (como un jefe o un compañero), una situación concreta (como un atasco de tráfico o la cancelación de un viaje), o puede ser el resultado de darle vueltas o preocuparse por asuntos de la vida personal. El recuerdo de experiencias desagradables o dolorosas puede desencadenar emociones intensas de ira.

La ira de los adolescentes es bien conocida, y a menudo deja a los padres navegando por las difíciles aguas de los cambios de humor, los portazos y el desafío. Lejos de ser un mero cliché, estos comportamientos pueden plantear retos reales y acuciantes en la dinámica de la vida familiar.

Los padres pueden tener la sensación de estar siempre en alerta máxima debido al temperamento explosivo de sus hijos, sus cambios de humor erráticos y sus constantes discusiones sobre asuntos aparentemente insignificantes, como quién tiene que fregar los platos o quién va al colegio.

Este comportamiento no siempre está relacionado con sus acciones u omisiones, ya que los adolescentes que atraviesan la pubertad tienen emociones naturalmente exacerbadas. Los arrebatos de ira de tu hijo adolescente son inevitables, por muy buen padre que seas.

Pero es probable que quieras hacer algo para ayudarles, sobre todo si su rabia les lleva a autolesionarse, a ser violentos o a causar problemas con amigos o familiares.

¿Sabías que...?

Aunque no existe una única "hormona de la ira", la adrenalina y la noradrenalina liberadas por las glándulas suprarrenales en situaciones de estrés desencadenan la respuesta de lucha o huida, aumentando el ritmo cardíaco y la energía. Además, el aumento de los niveles de cortisol incrementa la excitación y la vigilancia durante los episodios de ira.

Desastre hormonal

En el torbellino del desarrollo adolescente, las hormonas surgen como actores fundamentales, ejerciendo una influencia considerable tanto en la maduración física como en la volatilidad emocional. Entre ellas, tres hormonas principales -testosterona, estrógeno y cortisol- desempeñan un papel crucial en la modulación de emociones como la ira.

La testosterona, a menudo asociada al comportamiento agresivo, experimenta un aumento significativo durante la pubertad, especialmente en los varones. Este aumento puede intensificar los sentimientos de agresividad y competitividad, contribuyendo a la expresión de la ira. Las investigaciones han demostrado que el aumento de los niveles de testosterona se correlaciona con una mayor irritabilidad e impulsividad, factores que pueden amplificar los arrebatos de ira.

El estrógeno, aunque suele estar relacionado con la salud reproductiva femenina, también afecta al estado de ánimo y a la regulación de las emociones en ambos sexos. Las fluctuaciones en los niveles de estrógeno pueden provocar cambios de humor y una mayor sensibilidad al estrés, influyendo así en la forma de experimentar y expresar la ira. Los estudios han indicado que el estrógeno puede potenciar la respuesta al estrés, lo que puede dar lugar a episodios de ira más frecuentes o intensos.

El cortisol, conocido como la hormona del estrés, desempeña un papel directo en la respuesta de lucha o huida del organismo. Los niveles elevados de cortisol, especialmente en entornos estresantes, pueden aumentar la sensación de agitación y la disposición a reaccionar a la defensiva, incluso con ira. Unos niveles persistentemente elevados de cortisol pueden mermar la capacidad del córtex prefrontal para regular las emociones, dificultando el control de los sentimientos de ira.

La interacción de estas hormonas durante la adolescencia no se limita a "avivar" los sentimientos, sino que altera fundamentalmente la química y la estructura del cerebro, sobre todo en las áreas responsables de la regulación de las emociones y la toma de decisiones. Por ejemplo, el córtex prefrontal, crucial para el control de los impulsos y la empatía, todavía está madurando en la adolescencia. Esta etapa de desarrollo, combinada con las fluctuaciones hormonales, puede hacer que los adolescentes sean más propensos a experimentar y expresar la ira de formas que parecen desproporcionadas al suceso desencadenante.

Estudio de caso: El viaje de Ethan a través de los cambios hormonales y el control de la ira

Ethan, un estudiante de segundo de bachillerato de 15 años, es cada vez más conocido por sus padres y profesores por su mal genio y sus reacciones agresivas ante molestias relativamente leves. Anteriormente conocido por su comportamiento tranquilo, el repentino cambio de conducta de Ethan suscitó preocupación, por lo que se le remitió a un psicólogo escolar para su evaluación.

Cambios de comportamiento: Ethan mostró un marcado aumento de la irritabilidad, con varios casos de arrebatos verbales dirigidos a profesores y compañeros. Además, la participación de Ethan en deportes le llevó a observar una mayor competitividad, que a veces culminaba en enfrentamientos agresivos con sus compañeros de equipo.

Rendimiento académico: Se observó un descenso en el rendimiento académico de Ethan, sobre todo en situaciones que requerían atención sostenida y paciencia, lo que parecía exacerbar su frustración.

Evaluación

Evaluación hormonal: Los análisis de sangre revelaron niveles elevados de testosterona, comunes en varones adolescentes pero notablemente altos en el caso de Ethan. Además, los niveles de cortisol indicaban una mayor respuesta al estrés, lo que probablemente contribuyó a su temperamento rápido y agresividad.

Evaluación psicológica La evaluación subrayó la dificultad de Ethan para manejar el estrés y navegar por la agitación emocional asociada a su etapa de desarrollo. También reveló la falta de Ethan de mecanismos eficaces para hacer frente a su ira.

Intervención

Terapia cognitivo-conductual (TCC): Ethan fue introducido en la TCC para ayudarle a reconocer los desencadenantes de su ira, comprender la conexión entre sus pensamientos, emociones y reacciones, y desarrollar estrategias de afrontamiento más sanas.

Técnicas de gestión del estrés Se recomendaron técnicas como ejercicios de respiración profunda, atención plena y actividad física para ayudar a Ethan a controlar sus niveles de estrés y reducir sus niveles de cortisol.

Asesoramiento familiar: Las sesiones se llevaron a cabo para educar a la familia de Ethan sobre los aspectos fisiológicos y psicológicos de la adolescencia, equipándolos con estrategias para apoyar a Ethan a través de este período de transición.

Resultados: A lo largo de varios meses, Ethan mejoró notablemente su capacidad para controlar la ira y el estrés. Se volvió más hábil para identificar los primeros signos de frustración y emplear estrategias de afrontamiento antes de llegar a un punto de ebullición. Sus relaciones con los compañeros y la familia mejoraron, al igual que su rendimiento académico, lo que ilustra la eficacia de abordar las influencias hormonales subyacentes y dotar a Ethan de habilidades prácticas para la regulación emocional.

El cerebro en proceso de crecimiento

En la adolescencia, el córtex prefrontal -región responsable del control de los impulsos, la toma de decisiones y la comprensión de las consecuencias de los actos- está aún en proceso de formación. Este retraso en el desarrollo puede dejar a los adolescentes navegando por un tumultuoso paisaje de emociones sin el conjunto completo de herramientas cognitivas necesarias para dar respuestas matizadas. Debido a este desfase en el desarrollo, la furia de las personas puede estallar de forma inesperada y desproporcionada, como si empuñaran un mazo cuando lo más apropiado sería un bisturí. Esta metáfora ilustra no sólo la intensidad, sino también la falta de precisión con la que los adolescentes pueden responder a situaciones que requieren un enfoque más mesurado, subrayando los retos a los que se enfrentan para gestionar sus emociones de forma eficaz.

Crisis de identidad y libertad personal

El desarrollo de la identidad y la búsqueda de la autonomía son otras dos características de la adolescencia. A medida que descubren quiénes son y sobrepasan los límites del comportamiento aceptado, los adolescentes en este camino a menudo se encuentran en conflicto entre sí. La ira puede ser una poderosa expresión de independencia o de descontento ante las injusticias que uno percibe. Superar esta etapa es importante, pero puede resultar confusa para las personas que ayudan a los adolescentes y para los propios adolescentes mientras atraviesan estos sentimientos

Al mismo tiempo, la búsqueda de la autonomía -el deseo de ser autónomo e independiente- suele poner a los adolescentes en contradicción con las normas sociales y las expectativas familiares, lo que provoca conflictos inevitables. Estos conflictos no son meras luchas personales, sino que se sitúan en un marco sociocultural y estructural más amplio que limita y facilita la exploración de la identidad. Los adolescentes, en su búsqueda de autonomía, pueden desafiar los comportamientos y normas aceptados, utilizando la ira como una poderosa herramienta para afirmar sus identidades emergentes y expresar su descontento con las injusticias percibidas.

La perspectiva sociológica subraya que estos conflictos y la agitación emocional que los acompaña no sólo son naturales, sino necesarios para un desarrollo sano. Sin embargo, atravesar esta etapa puede ser especialmente difícil tanto para los adolescentes, que están descubriendo quiénes son, como para quienes les apoyan. Las complejidades de la formación de la identidad se ven agravadas por las diversas influencias de los grupos de iguales, los medios de comunicación y las expectativas de la sociedad en general, que pueden ser fuentes de conflicto y, en consecuencia, de expresiones emocionales como la ira.

Comprender los fundamentos sociológicos del desarrollo de la identidad y la autonomía puede aportar valiosas ideas a padres, educadores y orientadores. Reconocer que estas expresiones de ira y conflicto forman parte de un proceso más amplio de transformación puede facilitar enfoques más empáticos y solidarios a la hora de guiar a los adolescentes en este periodo crítico de sus vidas. Subraya la importancia de crear espacios en los que los adolescentes puedan explorar y expresar con seguridad sus identidades en evolución mientras aprenden a navegar por las estructuras sociales que dan forma a sus experiencias.

Espectro de expresión

Existe una amplia gama de expresiones de enfado entre los adolescentes. Muchos dejan salir su frustración en forma de ataques violentos o verbales, pero otros la reprimen y acaban siendo muy negativos consigo mismos. Las diferencias en la forma "adecuada" de expresar la rabia pueden deberse a diversas causas, como las diferencias individuales, los mecanismos de afrontamiento y las normas culturales de género. Esto puede ahogar la expresión constructiva de las emociones y reforzar ideas preconcebidas perjudiciales.

Pensemos en Aliya y Reema, dos adolescentes que van al mismo instituto pero proceden de entornos culturales diferentes. Aliya, criada en una familia que valora el estoicismo y el control sobre la expresión emocional, ha aprendido que mostrar ira es inapropiado e impropio, especialmente para las mujeres. Como consecuencia, tiende a reprimir sus sentimientos de frustración, lo que la lleva a interiorizar su ira. Esto se manifiesta a menudo como un retraimiento silencioso o un comportamiento pasivo-agresivo, ya que ha aprendido que las expresiones abiertas de ira entrarían en conflicto con sus expectativas culturales y de género. Su mecanismo de afrontamiento preferido es escribir en un diario, lo que le permite una salida privada para procesar sus emociones sin romper las normas que le han enseñado a mantener.

Reema, por su parte, procede de un entorno que fomenta la expresión abierta de las emociones, considerándola un aspecto sano y necesario del desarrollo personal. Sin embargo, se enfrenta a las normas sociales de género que tachan injustamente a las mujeres de excesivamente emocionales si expresan su ira abiertamente. Luchando por encontrar un equilibrio entre el estímulo de su familia a la expresión y el estigma social más amplio, Reema opta a menudo por la comunicación asertiva como forma de expresar su ira de manera constructiva. Participa en debates y discusiones, tanto en persona como en las redes sociales, como medio para canalizar su frustración hacia la defensa y el cambio, con el objetivo de hacer frente y cambiar los estereotipos perjudiciales que estigmatizan la ira de las mujeres.

Estas experiencias opuestas de Aliya y Reema ponen de relieve la compleja interacción entre los mecanismos individuales de afrontamiento y las normas culturales y de género que dictan las formas "apropiadas" de expresar la ira. Sus historias ponen de relieve cómo las expectativas sociales pueden no sólo reprimir la expresión constructiva de las emociones, sino también reforzar estereotipos perjudiciales, por lo que es crucial reconocer y validar las diversas expresiones emocionales en los distintos entornos culturales y de género.

Empatía y comprensión

Hace falta un poco de neurobiología, junto con tolerancia y empatía, para reconocer la compleja dinámica de la furia adolescente. Comprender el origen de la tormenta emocional es tan importante como capearla. Podemos ayudar mejor a los adolescentes si comprendemos la compleja relación entre sus cambiantes niveles hormonales, sus cerebros en crecimiento y su búsqueda de autodescubrimiento. Aunque sea una mala racha, esta etapa está llena de oportunidades de aprendizaje y desarrollo. Los adolescentes, con la ayuda de adultos que les comprendan y empaticen con ellos, pueden aprender a controlar su ira y utilizarla para hacer el bien, en lugar de empeorar las cosas.

El cerebro adolescente y la ira

¿Se te ha ocurrido alguna vez por qué ser adolescente es como estar en medio de una tormenta? En un momento todo va sobre ruedas y, de repente, te encuentras en medio de una tormenta de emociones, sobre todo de furia. En el fondo, esta vorágine emocional no sólo se debe al desenfreno hormonal, sino también a una intrigante y complicada danza que tiene lugar en el cerebro adolescente.

Una mente en evolución

En la mente del adolescente hay una obra de arte en marcha, un paisaje que se está construyendo. Piensa en un proyecto de reforma de una casa que implica actualizar la fontanería y la electricidad mientras los ocupantes siguen residiendo en la propiedad. Su cerebro a lo largo de la adolescencia se parece a eso. El procesamiento y la expresión de emociones, como la rabia, están significativamente influidos por esta etapa del desarrollo cerebral, que es una de las más importantes tras la infancia.

La amígdala, centro de las emociones

El conjunto de neuronas en forma de almendra conocido como amígdala es el epicentro emocional de esta agitación. Actúa como un sistema de alerta temprana en el cerebro, siempre pendiente de las amenazas para el bienestar emocional y la capacidad de supervivencia. A lo largo de la adolescencia, la amígdala entra en sobremarcha, aumenta su sensibilidad y reactividad. Debido a este aumento de la sensibilidad, los sentimientos pueden ser más poderosos, más reales e incluso dominantes en ocasiones. La amígdala es la responsable de activar la alerta cuando aparece la ira, y lo hace con más fuerza y urgencia que en etapas posteriores de la vida.

Navegar por la furia adolescente requiere comprender la intrincada danza entre la amígdala hiperactiva y el córtex prefrontal aún en desarrollo del cerebro adolescente.

El lóbulo frontal: Una voz que razona

El área del cerebro encargada del pensamiento, la planificación y el autocontrol es el córtex prefrontal, que ahora conocerás. Hace juicios y considera las repercusiones como la cabeza del cerebro. ¿Cuál es el problema? Este jefe ejecutivo está aún en sus años de formación. Cuando una persona llega a la mitad de la veintena, ha desarrollado plenamente el córtex prefrontal, una de las secciones posteriores del cerebro.

Si la amígdala fuera un sistema de seguridad sobreprotector y el córtex prefrontal un centro de vigilancia ineficaz, sería como tener una brecha de desarrollo entre ambos. ¿Cuál es el resultado? La ira y otras reacciones emocionales pueden ser rápidas, fuertes y excesivas en ocasiones.

Establecer conexiones: Rutas cerebrales

El cableado del cerebro sufre modificaciones sustanciales durante la adolescencia. Estamos reforzando y podando las vías neuronales, que son los caminos por los que el cerebro se comunica consigo mismo. Las vías que se utilizan con regularidad se refuerzan y las que no, se recortan; este proceso se basa en el concepto de "úsalo o piérdelo". La forma en que los adolescentes ven y responden a su entorno y a sus emociones se ve afectada por esta remodelación. Por eso, los hábitos que desarrollamos durante este tiempo, tanto si son buenas formas de afrontarlo como si no, pueden afectarnos durante mucho tiempo.

La importancia de los antecedentes y la situación

No sólo la biología interviene en la escritura de este guión, sino que la experiencia y el entorno también son actores importantes. El entorno de los adolescentes, las acciones que ven y las críticas que reciben influyen en cómo aprenden a controlar su ira. Los conflictos pueden transformarse en oportunidades de aprendizaje cuando se les enseñan métodos sanos para controlar la ira en un ambiente afectuoso y comprensivo.

Jordan, de 13 años, tuvo una gran rabieta cuando le pidieron que apagara el videojuego y empezara los deberes. La frustración no era sólo por dejar de hacer una actividad preferida, sino también por sentirse controlada y no tener voz ni voto en la gestión del tiempo personal. Este momento de ira fue intenso, marcado por gritos y la negativa a cumplir la petición, lo que refleja una lucha más profunda con la autonomía y el deseo de independencia.

El padre de Jordan, reconociendo que la rabieta era algo más que una reacción a la petición inmediata, decidió abordar la situación con empatía en lugar de castigar. Una vez que Jordan se hubo calmado un poco, el padre se sentó con él para hablar no sólo de la importancia de los deberes escolares, sino también para escuchar los sentimientos de Jordan sobre la autonomía y el control del tiempo personal. Juntos establecieron un nuevo horario que permitía jugar y hacer los deberes, basado en el respeto y la comprensión mutuos. Este enfoque demostró a Jordan que sus sentimientos eran válidos y que los conflictos podían resolverse mediante la comunicación.

Este incidente tuvo un profundo efecto en la relación de Jordan con la ira. En lugar de ver la ira como un enemigo o un desencadenante de castigo, Jordan aprendió a verla como una señal de necesidades o conflictos más profundos que requerían atención. Con el tiempo, Jordan se hizo más experta en identificar los motivos de los sentimientos de rabia y más dispuesta a entablar un diálogo abierto para abordarlos. Esta transformación también mejoró su capacidad de gestionar conflictos en otras relaciones, fomentando un enfoque más sano de las emociones y mejorando la capacidad de comunicación. de las emociones y mejorando sus habilidades de comunicación. La respuesta y comprensiva de la cuidadora no sólo resolvió un único un único conflicto, sino que también dotó a Jordan de las herramientas emocional y la resolución de problemas en el futuro.

Manejar la adversidad

Conocer las bases neuronales de la ira en los adolescentes no sólo arroja luz sobre el intrigante ámbito del desarrollo cerebral, sino que también ofrece orientación durante estos años tan difíciles. Esta tempestad emocional acabará pasando, ya que esto sirve de recordatorio. La evolución del cerebro está haciendo posibles expresiones de ira más complejas y reguladas.

Ser paciente y compasivo es crucial tanto para los adolescentes atrapados en la tormenta como para quienes les guían. Comprender que esta furia extrema es una etapa de crecimiento que prepara para la madurez emocional es clave. Los adolescentes pueden atravesar esta dura etapa y salir de ella más fuertes e inteligentes si les proporcionamos empatía, apoyo y formas de afrontar estas emociones. Este esfuerzo choca directamente con las percepciones que se tienen sobre la ira. Intentemos disipar algunas de ellas.

Conceptos erróneos sobre la ira

A menudo se critica injustamente la ira de los adolescentes. Las emociones son complicadas y polifacéticas, y desempeñan un papel fundamental en el crecimiento humano. Sin embargo, en las historias sobre la adolescencia a menudo se las presenta como villanas.

Abordar la tergiversación y la crítica de la ira adolescente requiere una comprensión matizada de su papel en el desarrollo, y un reconocimiento de la representación a menudo unidimensional que recibe en la cultura popular y los medios de comunicación. Exploremos cómo se vilipendia injustamente esta compleja emoción, utilizando ejemplos de un libro, una película y un comentario de los medios de comunicación, seguidos de una reflexión sobre experiencias humanas reales para desmentir mitos comunes sobre la ira adolescente.

"El guardián entre el centeno" de J.D. Salinger

En la novela "El guardián entre el centeno", el protagonista, Holden Caulfield, encarna al adolescente incomprendido, que navega por las complejidades de la entrada en la edad adulta con una mezcla de cinismo, tristeza e ira. A menudo, la ira de Holden es criticada o desestimada por los adultos del libro, que la consideran una fase o una rebelión más que una respuesta emocional legítima a sus experiencias y a la falsedad que percibe en el mundo adulto. Esta novela muestra cómo la ira adolescente, cuando se pasa por alto o se malinterpreta, puede exacerbar los sentimientos de aislamiento e incomprensión.

Para comprender el papel matizado de la ira adolescente hay que desacreditar los conceptos erróneos comunes perpetuados por la literatura, el cine, los medios de comunicación y las experiencias de la vida real, donde a menudo se critica injustamente o se malinterpreta.

"Del revés"

"Inside Out", una película de Pixar, personifica las emociones de Riley, una niña de 11 años que se enfrenta al traslado de su familia a una nueva ciudad. Anger, uno de los personajes centrales, es retratado inicialmente como destructivo e impulsivo. Sin embargo, a medida que avanza la historia, el papel de Ira se revela crucial para proteger el bienestar de Riley y hacer valer sus necesidades. Este cambio narrativo pone de relieve la importancia de reconocer y comprender la ira como un componente necesario de la salud emocional, en lugar de como un villano que hay que reprimir.

Comentarios de los medios de comunicación

Los medios de comunicación a menudo destacan historias de rebelión y conflicto adolescente sin proporcionar el contexto de las luchas emocionales subyacentes. Por ejemplo, las noticias sobre protestas de adolescentes o enfrentamientos en las redes sociales pueden centrarse en los aspectos de ira y confrontación, tachando a los participantes de excesivamente emocionales o irracionales. Esta representación pasa por alto las quejas legítimas y el papel de la ira para impulsar el cambio social, y refuerza los estereotipos de la angustia adolescente sin reconocer los atributos positivos de la expresión emocional apasionada.

Reflexión sobre la experiencia humana

Pensemos en la experiencia de María, una chica de 16 años a la que a menudo le decían que su enfado por las injusticias sociales no era más que "rebeldía adolescente". Cuando un profesor decidió canalizar la ira de María en un proyecto sobre justicia social, María no sólo destacó, sino que también inspiró a sus compañeros a comprometerse con temas que les preocupaban. Esta experiencia demuestra cómo reconocer y dirigir positivamente la ira de los adolescentes puede conducir al crecimiento, al compromiso y a resultados constructivos, en lugar de al conflicto.

Vamos a arrojar luz sobre los hechos relativos a la rabia adolescente y a desmentir algunas falacias comunes.

Mito 1: La ira nunca puede ser positiva y no ayuda en nada

La ira es una emoción natural y sana que toda persona experimenta. Es una reacción normal ante un agravio, la invasión de nuestro espacio o la violación de nuestros valores. El problema no es la ira en sí, sino la forma de canalizarla. Cuando se canaliza adecuadamente, la ira tiene el poder de inspirar a las personas para que hagan las paces, mejoren sus habilidades comunicativas y establezcan límites saludables. La clave está en canalizar la intensidad del presente en una luz de guía que muestre el camino a seguir.

Mito 2: La ira en los adolescentes siempre es señal de que algo va mal

Este concepto erróneo encasilla a los adolescentes sin tener en cuenta que la pubertad es intrínsecamente difícil. Durante la adolescencia se produce un gran desarrollo personal, emocional y social. Los adolescentes están descubriendo quiénes son, cómo encajar con sus iguales y cómo establecer su individualidad. La ira no siempre es un signo de falta de control intrínseco de un adolescente o de mal comportamiento, sino más bien un posible resultado de esta agitada fase de desarrollo. Ahora que sabemos esto, podemos ayudarles a gestionar su ira de forma sana escuchándolos y ofreciéndoles apoyo.

Mito 3: no puedes controlar tu ira adormeciéndola o ignorándola.

Si quieres aprender a controlar tu ira, tienes que practicar el reconocimiento precoz de las señales, identificar lo que te provoca y averiguar cómo reaccionar de forma constructiva. Controlar la ira con éxito implica expresar los propios deseos y emociones de forma contundente, sin llegar a la confrontación. Fomentar un mayor conocimiento de uno mismo y la inteligencia emocional puede lograrse animando a los adolescentes a expresar las emociones subyacentes que acompañan a su ira, ya sea miedo, frustración o dolor.

Cuando los adolescentes experimentan ira, a menudo se trata de una reacción superficial a emociones más profundas y matizadas. Animarlos a explorar y articular estos sentimientos subyacentes puede ser un poderoso paso hacia la madurez emocional y unas relaciones interpersonales más sanas. He aquí un desglose de cómo puede desarrollarse este proceso:

Identificar la emoción primaria: Enseñar a los adolescentes a detenerse y reflexionar sobre lo que sienten cuando aflora la ira. ¿Es realmente ira lo que sienten, o podría ser miedo a no ser escuchados o comprendidos? Tal vez se trate de frustración por situaciones que escapan a su control, o de dolor por sentirse desatendido o faltado al respeto.

Articulación de las emociones: Una vez identificada la emoción primaria, el siguiente paso es expresarla. Esto implica poner esos sentimientos en palabras, lo que puede suponer un reto. Fomentar el uso de frases del tipo "me siento" puede ser un punto de partida útil. Por ejemplo: "Me siento frustrado cuando no se tienen en cuenta mis opiniones" o "Me siento herido cuando me ignoran".

Expresión constructiva: Guiar a los adolescentes para que expresen sus emociones de forma constructiva. Esto significa comunicar sus sentimientos de forma honesta y vulnerable, pero respetuosa y no acusadora. Se trata de compartir su experiencia emocional interna en lugar de centrarse en las acciones o comportamientos externos de los demás que desencadenaron la ira.

Buscar la comprensión y la resolución: El principal objetivo de expresar las emociones subyacentes es fomentar la comprensión y hallar una solución que aborde la raíz de la ira. Esto puede implicar negociar un compromiso, establecer límites o, simplemente, lograr una mejor comprensión mutua de las perspectivas del otro.

Mito 4: Los problemas de ira sólo afectan a determinados grupos de adolescentes

En realidad, no existe ninguna correlación entre el nivel socioeconómico, el nivel educativo o los antecedentes de una persona y la intensidad de su ira. Cualquier adolescente puede tener problemas para controlar su ira, y cada uno la afronta a su manera. Algunas personas expresan su ira mediante estallidos ruidosos, mientras que otras pueden reprimirla y sufrir tristeza o aislamiento. Adoptar una atmósfera más acogedora y enriquecedora para todos los adolescentes requiere, en primer lugar, reconocer que los problemas de ira pueden afectar a todo el mundo.

Expresar la ira mediante estallidos o reprimirla puede ser perjudicial, aunque de distintas maneras, debido a las repercusiones negativas sobre la salud mental y emocional, las relaciones y el bienestar general. Profundicemos en por qué prolongar estos comportamientos puede ser problemático y en sus posibles consecuencias.

Estallidos

Las expresiones fuertes y explosivas de ira pueden tener varias consecuencias negativas:

Relaciones dañadas: Los arrebatos ruidosos regulares pueden tensar o romper las relaciones personales y profesionales. Amigos, familiares y compañeros pueden sentirse asustados, heridos o resentidos, lo que provoca distanciamiento o conflictos.

Daño a la reputación: Being Ser conocido por una ira incontrolable puede dañar la reputación de uno mismo, lo que lleva al aislamiento social o a consecuencias profesionales, como la pérdida del trabajo o de oportunidades.

Riesgos para la salud física: La ira y el estrés crónicos pueden aumentar el riesgo de padecer problemas de salud como enfermedades cardiacas, hipertensión, insomnio y un sistema inmunitario debilitado.

Agotamiento emocional: Gestionar constantemente las secuelas de los arrebatos puede provocar sentimientos de culpa, arrepentimiento y fatiga emocional, lo que repercute en la salud mental.

Reprimir la ira

Reprimir la ira o interiorizarla también puede tener efectos perjudiciales:

Salud emocional y física: La represión prolongada de la ira puede contribuir a la ansiedad, la depresión y las enfermedades relacionadas con el estrés. Los síntomas físicos pueden incluir dolores de cabeza, problemas digestivos y trastornos del sueño.

Comportamiento pasivo-agresivo: Reprimir la ira a menudo conduce a un comportamiento pasivo-agresivo, que puede confundir y alejar a los demás, dando lugar a relaciones disfuncionales.

Estallidos explosivos: La ira acumulada puede acabar desembocando en arrebatos explosivos, que suelen ser desproporcionados con respecto al suceso desencadenante y pueden causar daños importantes en la vida y las relaciones de la persona.

Menor disfrute de la vida: Reprimir constantemente las emociones puede conducir a una disminución de la capacidad de experimentar alegría, satisfacción y un sentido de conexión con los demás.

Por qué es malo: las repercusiones

Prolongar cualquiera de los dos comportamientos -explosiones o reprimir la ira- puede conducir a un ciclo de malestar emocional y dificultades interpersonales. En el caso de los arrebatos explosivos, la liberación inmediata de la ira puede proporcionar una sensación temporal de alivio o poder, pero suele ir seguida de arrepentimiento y de una serie de consecuencias negativas que agravan el estrés y la confusión emocional.

Por el contrario, reprimir sistemáticamente la ira niega al individuo la oportunidad de abordar y resolver los problemas subyacentes. Puede dar lugar a una acumulación de emociones no resueltas, que pueden manifestarse de forma perjudicial, ya sea a través de síntomas físicos, problemas de salud mental o eventuales estallidos desproporcionados con respecto a la causa.

Además, ambas formas de afrontar la ira impiden que las personas aprendan mecanismos de afrontamiento saludables y habilidades de comunicación eficaces. Sin estas habilidades, es difícil afrontar los conflictos de forma constructiva, defender las propias necesidades y establecer relaciones sólidas y solidarias.

Mito 5: Los problemas de ira de los adolescentes pueden resolverse con tiempo a solas

La ira de los adolescentes suele ser un síntoma de problemas más profundos, y es arriesgado suponer que "se les pasará". Sin ayuda, los hábitos de control ineficaz de la ira pueden persistir hasta la edad adulta, afectando a las relaciones personales, el éxito académico y la salud mental. Capacitar a los jóvenes para gestionar con éxito sus emociones requiere una participación proactiva, que puede lograrse mediante una comunicación abierta, educación y, en algunos casos, ayuda profesional. Esto puede fomentar la resiliencia y la madurez emocional.

Abordar la ira de los adolescentes mediante la comunicación abierta, la educación y, cuando sea necesario, la ayuda profesional es crucial para fomentar la resiliencia emocional y la madurez. Cada una de estas estrategias desempeña un papel vital a la hora de dotar a los adolescentes de las herramientas y la comprensión que necesitan para gestionar sus emociones de forma constructiva. He aquí cómo estos enfoques pueden marcar la diferencia:

Comunicación abierta

La comunicación abierta implica crear un espacio seguro y sin prejuicios en el que los adolescentes se sientan cómodos para expresar sus sentimientos y preocupaciones. Este enfoque ayuda de varias maneras:

Validación: Valida sus sentimientos, haciéndoles sentir escuchados y comprendidos, lo que es fundamental para el bienestar emocional.

Resolución de problemas: A través del diálogo, los adolescentes pueden aprender a articular sus problemas y trabajar en colaboración para encontrar soluciones, mejorando sus habilidades de resolución de problemas.

Fomento de la confianza: Refuerza la confianza entre los adolescentes y sus cuidadores o mentores, importante para fomentar relaciones de apoyo.

Educación

Educar a los adolescentes sobre las emociones y la gestión de la ira les proporciona los conocimientos necesarios para comprender y manejar sus sentimientos:

Autoconciencia La educación ayuda a los adolescentes a reconocer los signos de la ira y a comprender sus causas, lo que conduce a un mayor autoconocimiento y autocontrol.

Estrategias de afrontamiento: Introduce mecanismos de afrontamiento saludables, como técnicas de relajación, mindfulness y comunicación asertiva, ofreciendo alternativas a la agresión o la supresión.

Inteligencia emocional: Comprender las emociones contribuye a la inteligencia emocional, lo que permite a los adolescentes gestionar mejor sus sentimientos y empatizar con los demás.

Ayuda profesional

En los casos en que los adolescentes luchan mucho contra la ira, la ayuda profesional puede ser inestimable:

Apoyo personalizado: Los terapeutas pueden proporcionar estrategias personalizadas para abordar las causas profundas de la ira, ya provengan de problemas subyacentes de salud mental, traumas o factores ambientales.

Desarrollo de habilidades: La ayuda profesional suele implicar la enseñanza de habilidades de regulación emocional y estrategias de afrontamiento de forma estructurada, lo que garantiza que los adolescentes dispongan de los recursos necesarios para gestionar su ira de forma eficaz.

Implicación de la familia: Los terapeutas también pueden trabajar con las familias, enseñándoles a apoyar el desarrollo emocional de su hijo adolescente y a gestionar los conflictos de forma constructiva en casa.

Juntos, la comunicación abierta, la educación y la intervención profesional pueden influir significativamente en la capacidad de un adolescente para manejar la ira. Al abordar el problema desde múltiples ángulos, estas estrategias garantizan que los adolescentes no sólo "superen" su ira, sino que crezcan a través de ella, desarrollando resiliencia y madurez emocional. Este enfoque holístico puede conducir a la mejora de las relaciones, el éxito académico y la salud mental, sentando las bases para una vida adulta más equilibrada y satisfactoria.

La influencia del contexto y los antecedentes

Las variables ambientales y experienciales pueden influir en nuestra comprensión de la ira adolescente. Parte del modo en que los adolescentes aprenden a controlar sus emociones es imitando las acciones de otras personas que les rodean en casa, en el aula y en la comunidad en general. Los adolescentes pueden aprender a controlar sus emociones viendo e imitando a adultos que son capaces de hacerlo en un entorno de aceptación y seguridad.

Caminando codo con codo

Al tratar con adolescentes enfadados, es importante ser paciente, empático y comunicativo. Las experiencias emocionales de los adolescentes son complicadas y, al disipar estas creencias, lo estamos reconociendo. Estamos aquí para proporcionarles la ayuda necesaria a lo largo de estos años tan difíciles, a la vez que les ofrecemos un asesoramiento que valora su singularidad.

Ayudar a los adolescentes a reconocer y controlar su ira tiene beneficios a largo plazo. Les allana el camino hacia un futuro lleno de inteligencia emocional y seguridad en sí mismos. La narrativa que rodea a la ira adolescente puede cambiar de pesimista a más positiva mediante la empatía, la persistencia y la dirección.

Un alegato a favor de la inteligencia emocional

Al abogar por un cambio en la forma en que percibimos y respondemos a la ira de los adolescentes, estamos pidiendo esencialmente un cultivo más profundo de la inteligencia emocional, tanto en nosotros mismos como cuidadores como en los adolescentes a los que queremos ayudar.

La inteligencia emocional, es decir, la capacidad de comprender, utilizar y gestionar nuestras propias emociones de forma positiva para aliviar el estrés, comunicarnos eficazmente, empatizar con los demás, superar los retos y calmar los conflictos, constituye una base fundamental para esta transformación.

En esencia, la inteligencia emocional implica cuatro habilidades clave:

Autoconciencia: Reconocer las propias emociones y su efecto en los pensamientos y el comportamiento. Esto incluye comprender los desencadenantes de la ira y reconocer su impacto.

Autogestión: La capacidad de regular las emociones y los comportamientos de forma saludable, especialmente en situaciones estresantes o difíciles. Esta habilidad ayuda a elegir cómo expresar la ira de forma constructiva.

Conciencia social: Comprender las emociones, necesidades y preocupaciones de los demás, basándose en la empatía. Nos permite ver más allá de la superficie de la ira adolescente, los problemas o emociones más profundos que pueden estar alimentándola.

Gestión de las relaciones: Desarrollar y mantener buenas relaciones, comunicar con claridad, inspirar e influir en los demás, trabajar bien en equipo y gestionar los conflictos.

En resumen, la inteligencia emocional permite mantener un estado mental estable, minimizando las tendencias a reaccionar de forma agresiva. Las personas emocionalmente inteligentes abren vías para una expresión y un procesamiento más sanos de esta desafiante emoción. Entienden que no se trata de reprimir la ira, sino de comprender sus raíces y transformarla en una fuerza constructiva. Para los adolescentes, desarrollar la inteligencia emocional significa adquirir la capacidad de navegar por los complejos sentimientos que acompañan al crecimiento sin dejarse abrumar por ellos.

El papel de los cuidadores

Para padres, profesores y modelos de conducta, mejorar nuestra propia inteligencia emocional es igual de importante. Nos capacita para crear entornos en los que la comunicación abierta sea la norma y la educación sobre las emociones y cómo manejarlas sea integral. Al encarnar estos principios, podemos ofrecer un apoyo más empático, guiar a los adolescentes a través de su paisaje emocional y ayudarles a desarrollar resiliencia y madurez emocional.

Este enfoque de la inteligencia emocional hace hincapié en ver la ira no como una barrera, sino como una oportunidad: para conectar, comprender y guiar. Se trata de crear espacios donde los adolescentes se sientan vistos y escuchados, donde se validen sus emociones y donde se les enseñe a navegar por sus sentimientos de forma que promuevan el crecimiento personal y unas relaciones más sólidas. Al hacerlo, no sólo abordamos los retos inmediatos de la ira adolescente, sino que también sentamos las bases de futuras generaciones emocionalmente inteligentes, capaces de manejar los retos de la vida con comprensión y gracia.

Principales conclusiones

- La ira adolescente no es una fuerza dañina que haya que reprimir, sino un sentimiento natural y sano que indica preocupaciones o necesidades subyacentes.
- La ira extrema de los adolescentes no es el resultado de una falta de control innata, sino del continuo desarrollo del cerebro y de los cambios hormonales, especialmente en regiones cruciales para la regulación de las emociones y el control de los impulsos.
- La clave para controlar eficazmente la ira no es reprimirla, sino aprender a identificar y comprender los sentimientos de ira y encontrar métodos sanos para expresarlos.
- Abordar proactivamente su ira con tolerancia, empatía y una comunicación abierta, les ayuda a desarrollar habilidades de afrontamiento más sanas.
- Los cuidadores, los profesores y los compañeros tienen un papel que desempeñar a la hora de dar un buen ejemplo a los adolescentes cuando se trata de expresar y gestionar sus emociones, incluida la ira.

Resumen de medidas prácticas

- **Considera tu ira**
  Haz una pausa y piensa en las cosas que te hacen enfadar. ¿Te sientes impotente en general o en respuesta a una circunstancia o persona concreta? La primera etapa para controlar tu reacción es identificar esos desencadenantes.

- **Exprese su ira**
  En lugar de reprimir tu ira, busca una forma sana de expresarla. Algunos ejemplos de este tipo de actividad son hacer ejercicio, llevar un diario o hablar con un familiar o amigo de confianza. Lo más importante es dejar que tus emociones fluyan libremente sin hacerte daño a ti ni a los demás.

- **Estrategia de enfriamiento**
  Busca formas de relajarte cuando estés furioso e inclúyelas en tu estrategia de vuelta a la calma. Algunas técnicas eficaces para relajarse son respirar hondo varias veces, contar hasta 10 o alejarse de la situación.

- **Hable en positivo**
  Acostúmbrate a decir lo que necesitas y cómo te sientes sin ser acusador ni agresivo. Exprésate utilizando frases en primera persona "yo"; por ejemplo: "Me siento molesto cuando...".

- **Construir un vocabulario emocional**
  Después de un arrebato de ira, toma nota de lo que ocurrió y por qué; esto te ayudará a aprender de tu experiencia. La próxima vez, piensa en cómo puedes abordar tus emociones de forma más constructiva.

Hemos desvelado la complejidad, disipado los conceptos erróneos y comprendido los orígenes de la ira adolescente; ahora es el momento de adentrarnos en nuestro interior. El siguiente capítulo, "Reconocer y comprender tu ira", nos llevará a explorar quiénes somos. En él descubriremos los indicadores de una furia creciente, cómo señalar nuestras propias causas personales de la misma y descifrar los significados ocultos que transmite. Si quieres aprender a ver tu paisaje emocional con claridad, este capítulo es para ti.

CAPÍTULO 2

Reconocer y comprender tu ira

El mejor remedio para la ira es el retraso.

- Séneca

LA INQUIETUD, EN SU esencia, es una emoción natural y universal, experimentada por todos e indicativa de nuestra humanidad compartida. Surge ante la percepción de agravios, injusticias o frustraciones. Sin embargo, no es la presencia de la ira lo que modela nuestro carácter o destino, sino nuestra respuesta a ella. Séneca, filósofo estoico, ofrece una sabiduría intemporal sobre el tema, sugiriendo que el espacio que creamos entre sentir ira y actuar en consecuencia puede ser nuestra mejor herramienta para gestionar esta poderosa emoción.

Comprender la ira es como aprender un nuevo idioma: nos capacita para comunicarnos eficazmente con nosotros mismos y con los demás, transformando el conflicto en oportunidades de crecimiento y conexión.

¿Cuándo fue la última vez que estabas en la secadora y accidentalmente te dejaste un calcetín colgando? No entiendo por qué esta cosa aparentemente insignificante me está volviendo loco. Deja vagar tu mente hasta el momento en que el calcetín representaba tu capacidad para identificar y comprender tu rabia. Las grandes batallas contra la rabia se revelan a menudo por las pequeñas cosas, aparentemente sin importancia, que ocurren en nuestras vidas. Encontrar nuestros calcetines metafóricos no es lo único de lo que trata este capítulo; también trata de descubrir qué nos enfada, de dónde viene y cómo controlarlo.

En este capítulo, nos adentramos en el paisaje de la ira, explorando sus múltiples contornos y los caminos por los que puede conducirnos. Comprender la ira es como aprender un nuevo idioma: nos permite comunicarnos más eficazmente con nosotros mismos y con los demás, transformando los posibles conflictos en oportunidades de crecimiento y conexión. Reconociendo los primeros signos de ira y abordándola con introspección y propósito, podemos navegar por nuestras emociones de un modo que refleje nuestros valores y aspiraciones más profundos.

Antes de iniciar su proceso de control de la ira, recuerde que la ira no le define. Tu poder reside en tu capacidad para reconocer, comprender y canalizar tu ira en acciones que hablen de quién eres realmente y de quién aspiras a ser.

En el fondo, la ira es una señal. Cuando no se satisfacen nuestros deseos, se violan nuestros límites o se cuestionan nuestros valores, envía una señal. Pero en medio del caos de la adolescencia, es fácil que se malinterprete su significado. Para ayudarte a reaccionar de un modo que refleje lo mejor de ti mismo, este capítulo te enseñará a descifrar el lenguaje de la rabia y a comprender sus verdaderos significados.

¿Estás preparado para afrontar tu ira de frente y aprender sobre ti mismo? A medida que avancemos, ten en cuenta que conocer tu ira es una poderosa herramienta para gestionarla con elegancia y fuerza. Empecemos juntos esta tarea crucial y pasemos página.

Identificar los desencadenantes habituales de la ira en los adolescentes

Entender qué desata la ira en los jóvenes adultos es como intentar descifrar un lenguaje complejo sin traductor. Es una misión difícil, dado que esos años están repletos de modificaciones rápidas, sentimientos intensos y la búsqueda de la identidad. Vamos a pelar suavemente las capas para sacar a la luz algunas de las situaciones o acontecimientos típicos que suelen encender la mecha de la ira juvenil, con el objetivo de tecnificar esas revelaciones con calidez y conocimiento.

Sentir que no se le escucha o no se le comprende

Imagínate que tratas de expresar cuestiones complejas centrales para ti, sólo para sentir que estás hablando al vacío. Para muchos adultos jóvenes, la experiencia de no ser escuchados o sentirse incomprendidos por padres, profesores o incluso amigos puede ser especialmente irritante. Es como gritar en un túnel de viento, en el que tus frases quedan amortiguadas por el ruido. Esta batalla por la voz y la validación se convierte posteriormente en una espiral de sentimientos de rabia y aislamiento.

La olla a presión de la influencia de los iguales

Los adolescentes se enfrentan a una inmensa presión en su vida cotidiana que procede directamente de las personas que les rodean. El deseo de estar en forma, de ser aceptado y de cumplir los innumerables requisitos no declarados de sus compañeros puede ser arduo y provocar tensiones. Los adolescentes pueden pasar por una serie de emociones intensas, como la rabia y el resentimiento cuando se sienten presionados a conformarse o a seguir siendo los mismos debido a unas expectativas que no coinciden con su verdadero yo. Es como si tuvieras que quitarte una máscara caída; es desagradable.

El peso del mundo

Hay una pesada carga que incorpora la expectativa de sobresalir académicamente y tomar decisiones vitales definitivas sobre el propio futuro. Esta tensión, ya venga de dentro, de la madre y el padre, o de la sociedad, puede crear un hervidero de estrés. Cuando los adolescentes tienen la sensación de que se les mide continuamente y se determina sus carencias, o cuando el camino a seguir parece imposiblemente estrecho, puede encenderse una tormenta de ira y frustración. Es como estar en una carrera en la que la línea de meta se aleja cada vez más.

El tira y afloja de la dinámica familiar

El estilo de vida familiar, con todas sus complejidades, puede ser una fuente importante de confusión emocional para los adolescentes. Los conflictos con papá y mamá sobre la independencia, los desacuerdos con los hermanos o la navegación a través de los trastornos del círculo familiar, como el divorcio, pueden desencadenar una vorágine de emociones, con la ira a menudo a la cabeza. Es parecido a interpretar una función en una obra de teatro en la que el guión va cambiando, y nadie te ha dado la versión de hoy.

El aguijón de la injusticia

A medida que los adolescentes van formando su opinión personal sobre el bien y el mal, las experiencias de injusticia, ya sean privadas o descubiertas, pueden afectarles profundamente. La discriminación, el acoso o presenciar un trato injusto pueden catalizar una respuesta enérgica, en la que la ira se convierte a la vez en defensa y espada. Es una reacción a la dureza del sector, una forma de decir: "Esto no está bien".

Al desvelar las capas de la ira adolescente, se descubren desencadenantes comunes como no sentirse escuchado, la presión de los compañeros, el estrés académico, la dinámica familiar y las experiencias de injusticia, cada uno de los cuales enciende una tormenta de frustración y resentimiento en los jóvenes adultos que se esfuerzan por encontrar su voz y su identidad.

La angustia del amor joven

Navegar por las relaciones románticas por primera vez puede ser como navegar por aguas desconocidas: emocionante pero también lleno de riesgos. La profundidad de los primeros amores, unida al dolor del desamor o los celos, puede resultar abrumadora. Los adolescentes aprenden a controlar una tormenta de emociones actuales, incluida la furia, a través de estos cuentos, que tratan de algo más que de las propias relaciones.

El torbellino de los cambios hormonales

La pubertad no es sólo una transformación corporal, sino también un cambio emocional. emocional. Las modificaciones hormonales que acompañan a este grado de existencia pueden hacer que los sentimientos sean mayores y más incontrolables. Es como si alguien subiera el volumen de tus sentimientos sin consultarte contigo primero.

Reconocer y comprender estos desencadenantes es como localizar un mapa en un bosque denso: no alterna de inmediato el paisaje, pero ofrece un proceso hacia ese fin.

El papel de la presión social y las redes sociales

A medida que te abres camino en la adolescencia, encontrarás nuevos obstáculos a cada paso, como si estuvieras en un laberinto interminable. La presión de grupo y el impacto de las redes sociales son dos de los obstáculos más importantes a los que se enfrentan los chavales hoy en día. Los sentimientos de rabia, frustración y aislamiento pueden amplificarse cuando estos elementos se unen para formar un entorno distinto. Exploremos cómo interactúan estos factores para dar forma al mundo emocional de los adolescentes modernos.

Presión de grupo

Imagínate en una habitación llena de personas que parecen no tener ni idea de dónde deben estar, excepto tú. A veces, la presión de grupo puede parecer eso. No se trata necesariamente de que te obliguen a hacer algo que no quieres; a veces es la presión tácita de conformarte, ya sea con tu forma de vestir, con la música que escuchas o incluso con tus ideas. Puede resultar agotador sentir esta presión oculta para ajustarse a las normas establecidas por tus compañeros.

Una de las principales causas de resentimiento para muchos adolescentes es la lucha por ser tú mismo y, al mismo tiempo, ser aceptado. Es como si estuvieras en medio de un tira y afloja frustrante y nunca estuvieras seguro de cuál es tu posición. Un signo externo común de esta confusión interior es la rabia, dirigida contra uno mismo por capitular, contra los compañeros por ejercer una presión invisible y contra la sociedad en general por instituir estas normas.

La intersección de las redes sociales y la presión social

La presión de grupo y los medios sociales se han unido para formar una poderosa combinación de factores que pueden provocar emociones. Una cara de la moneda es que los medios sociales pueden hacer que la presión de grupo parezca aún más omnipresente. Por otro lado, pueden activar el acoso de forma indirecta, los rumores y la conducta pasivo-agresiva, todo lo cual puede desatar la ira.

Mientras intentan encontrar su lugar en el mundo, los adolescentes pueden sentirse presionados para ajustarse a una versión idealizada de sí mismos, comprometiendo sus aficiones, su aspecto e incluso sus opiniones. El enfado y la irritación pueden aparecer cuando hay un marcado contraste entre su verdadero yo y la imagen que creen que los demás esperan de ellos. A medida que la gente participa más, la presión aumenta y sus respuestas emocionales se intensifican: es un bucle que se autoperpetúa.

Condiciones difíciles

El primer paso para abordar la agresividad adolescente es comprender mejor cómo la presión de los compañeros y las redes sociales contribuyen a este problema. Desarrollar buenas habilidades de afrontamiento, participar en la autorreflexión y mantener conversaciones abiertas son pasos en el camino hacia la gestión de estas emociones. Se puede encontrar una salida a la tormenta animando a los chavales a hablar de lo que han vivido, a cuestionar las presiones a las que están sometidos y a investigar los sentimientos que subyacen bajo su furia.

La presión de grupo y los medios sociales amplifican la rabia adolescente, creando un complejo paisaje emocional que exige comprensión y estrategias de afrontamiento para los adolescentes que navegan por estos retos.

Ayudar a los niños a entender que su valor no depende de los "me gusta" de las redes sociales, de lo que se comparte o de la aceptación de sus compañeros es el objetivo principal. Es importante ayudar a los niños a darse cuenta de que es normal desconectarse de las redes sociales cuando es demasiado, a apreciar su singularidad y a buscar refuerzo en su interior. Lo más importante es que los niños sepan que no son los únicos que experimentan estas emociones; que forman parte de una lucha común, pero que no debe definir su adolescencia. Ese apoyo debe venir del interior del lugar al que llaman hogar, del que hablaremos a continuación.

Contar hasta diez

Cuenta hasta diez (o incluso veinte) antes de reaccionar ante una situación. Esta breve pausa da tiempo a que las emociones se asienten y a que el pensamiento racional tome el control, evitando reacciones impulsivas

La dinámica familiar y su influencia

La familia es la unidad más fundamental en la compleja red de conexiones humanas; es a través de ella como aprendemos a gestionar nuestras emociones, resolver conflictos y expresarnos. Cuando se trata del impredecible sentimiento de la rabia, es crucial que los adolescentes comprendan las complejas relaciones dentro de sus familias mientras navegan por los turbulentos mares de la pubertad. Acompáñame a explorar la intrincada red de dinámicas familiares y cómo influyen en la rabia de los adolescentes.

El crisol emocional

El término "crisol emocional" suele utilizarse metafóricamente para describir una situación o un periodo de la vida que conlleva un estrés o un desafío emocional significativo que, al igual que un crisol en metalurgia donde las sustancias se calientan a temperaturas muy altas para inducir un cambio químico, conduce a la transformación o el crecimiento. Este concepto puede aplicarse en diversos contextos, como el desarrollo personal, la terapia y la dinámica de las relaciones.

En el ámbito del desarrollo personal, un crisol emocional puede referirse a una experiencia profundamente desafiante que obliga a una persona a enfrentarse a emociones difíciles y a trabajar sobre ellas, lo que conduce al crecimiento personal y al aumento de la resiliencia emocional. Estas experiencias suelen llevar a las personas a sus límites emocionales, pero también ofrecen profundas oportunidades para aprender sobre uno mismo, reevaluar las prioridades vitales y desarrollar nuevos mecanismos de afrontamiento.

En contextos terapéuticos y psicológicos, el término puede utilizarse para describir procesos o relaciones terapéuticas intensas que desafían a los clientes a afrontar y resolver problemas emocionales profundamente arraigados. La propia relación terapeuta-cliente puede convertirse en un crisol emocional, proporcionando un espacio seguro para que el cliente explore y comprenda sus emociones, comportamientos y patrones de pensamiento, lo que conduce a un cambio transformador.

En el contexto de la dinámica de las relaciones, especialmente en la terapia de pareja, un crisol emocional puede referirse a una fase en la que los miembros de la pareja afrontan y resuelven conflictos o retos importantes. Este proceso, aunque a menudo difícil, puede conducir a una intimidad y un entendimiento más profundos, ya que los miembros de la pareja aprenden a navegar juntos por sus diferencias y vulnerabilidades.

El concepto de crisol emocional subraya la idea de que, aunque las experiencias emocionales intensas pueden ser un reto, también encierran el potencial de un crecimiento y una transformación personales profundos.

Parte superior del formulario

Emociones como la alegría, la tristeza, el miedo y la rabia se forman inicialmente en el contexto familiar, donde se convierten en parte integrante de lo que somos. Nuestra capacidad para interpretar las señales emocionales de nuestros cuidadores comienza al nacer y constituye la base de nuestra propia inteligencia emocional. La ira toma forma en este horno, moldeada por las maneras de reaccionar y responder de las personas más cercanas a nosotros.

Los adolescentes desarrollan mecanismos constructivos para controlar la ira en hogares donde los adultos les apoyan, comprenden y son comunicativos. Como saben que serán comprendidos y apoyados, los niños pueden hablar abiertamente de lo que sienten. Los adolescentes pueden interiorizar sus emociones y mantenerlas reprimidas si crecen en un ambiente en el que se burlan de ellos, los desprecian o los tratan con hostilidad.

Un tapiz de conflictos

Los altibajos de la vida familiar crean pautas complejas de interacción, incluidos los conflictos, que conforman la comprensión y la y expresión de la ira. Los adolescentes pueden aprender mucho sobre control emocional negociación y compromiso a partir de ejemplos de resolución sana de conflictos. resolución de conflictos. Los adolescentes aprenden a controlar su ira de forma sana cuando crecen en hogares que abordan problemas con compasión, dignidad y el compromiso de encontrar soluciones.

"La forma en que se gestionan los conflictos en el seno de las familias influye significativamente en la forma en que los adolescentes perciben y expresan la ira. Una resolución sana de los conflictos fomenta el control emocional, la negociación y el compromiso, mientras que una dinámica malsana puede conducir a un aumento de la angustia emocional y al recurso a respuestas violentas."

Los adolescentes pueden tener dificultades para controlar su ira si crecen crecen en hogares donde las discusiones se ignoran, se reprimen o se responde se responde con violencia. Podrían experimentar un mayor malestar emocional debido a que se sienten ignorados, invalidados o indefensos. El otro extremo es cuando recurren a métodos violentos para resolver conflictos, lo que sólo sólo sirve para alimentar otros episodios de hostilidad

¿Prescribe un enfoque de crianza o un método para gestionar los conflictos?

Los estilos de crianza son fundamentales para la dinámica familiar y tienen un claro impacto en las habilidades de control de la ira de los adolescentes. Los niños con padres autoritarios tienen más probabilidades de desarrollar habilidades de regulación emocional cuando son cariñosos, se les fijan límites firmes y se les anima a hablar de sus sentimientos. La ira es un sentimiento normal, aprenden, y pueden controlarla hablando y encontrando soluciones.

Por otro lado, los adolescentes pueden aprender a reprimir su ira bajo padres autoritarios que se centran excesivamente en el control y el cumplimiento. Puede crearse un polvorín de rabia reprimida cuando las personas evitan mostrar sus verdaderos sentimientos por miedo al rechazo o al castigo. A la inversa, aunque tengan buenas intenciones, los padres que son demasiado liberales con sus hijos adolescentes pueden no proporcionarles el marco que necesitan para gestionar sus emociones.

Actividades interactivas para identificar los desencadenantes personales

Los adolescentes experimentan una amplia gama de emociones, y la rabia es sin duda una de ellas. Pero no temas; podemos aprender a gestionar nuestra ira de forma mejor y más constructiva con la ayuda de la autoconciencia y una caja de herramientas de técnicas de afrontamiento.

Anotar las cosas que le hacen enfadar

Para empezar, te propongo el Diario del desencadenante de la ira, un ejercicio fácil de hacer y lleno de información útil. Visualízate en un lugar tranquilo donde puedas dejar que tus emociones e ideas fluyan libremente cada vez que te asalte la frustración. Saca tu diario de confianza y empieza a escribir tus pensamientos cada vez que te invada esa ola de irritación tan familiar. Piensa en lo que ha ocurrido, qué sentimientos te han recorrido el cuerpo y cómo has manejado la situación que te ha enfadado. Podemos aprender mucho sobre nuestro paisaje emocional y las pautas que conducen a nuestra ira si llevamos un registro de estos casos.

Investigar los desencadenantes

Ahora tenemos la oportunidad perfecta para sacar el Sherlock Holmes que llevamos dentro y realizar el ejercicio del detective de desencadenantes. Imagínese esto: recibimos una baraja de cartas misteriosas, y cada una representa un desencadenante potencial. Estas cartas cubren todo el espectro de la angustia adolescente, desde las discusiones entre hermanos hasta la presión de los compañeros y la tensión académica. Ahora nos toca a nosotros imaginarnos en la posición del protagonista y practicar nuestras reacciones ante cada posible circunstancia. Poniéndonos en la piel de otras personas y ensayando distintas reacciones podemos mejorar nuestra capacidad para resolver problemas y crear una caja de herramientas de mecanismos de afrontamiento saludables.

El misterio del mensaje de medianoche

Imagina que robas una carta de la baraja titulada "El misterio del mensaje de medianoche". Esta carta describe un escenario en el que el protagonista, Jordan, recibe un mensaje de texto críptico y algo negativo de un amigo justo antes de acostarse. El mensaje es vago, pero parece insinuar decepción o enfado hacia Jordan. Esta situación se convierte en nuestro centro de atención cuando nos ponemos en la piel de Jordan para desentrañar el misterio y gestionar los desencadenantes emocionales que presenta.

Identificar el desencadenante

En primer lugar, identificamos los posibles desencadenantes en este escenario:

Incertidumbre: La ambigüedad del contenido del mensaje puede llevar a pensar demasiado y a la ansiedad.

Suposición de intención negativa: Sin una comunicación clara, se tiende a suponer lo peor sobre el tono y el contenido del mensaje.

Miedo al conflicto o a la pérdida: Preocupación de que este mensaje pueda indicar un problema grave o la posible pérdida de una amistad.

Vencer el gatillo

A continuación, elaboramos estrategias saludables para abordar y superar estos desencadenantes:

Buscar aclaraciones: En lugar de sumirnos en la incertidumbre y posiblemente empeorar nuestro estado emocional, decidimos comunicarnos directamente con el amigo. Sin embargo, dado lo avanzado de la hora, decidimos esperar hasta mañana, reconociendo la importancia de abordar estos asuntos en un momento más apropiado.

Gestionar las reacciones iniciales: Mientras tanto, practicamos técnicas para calmarnos y gestionar nuestra respuesta emocional. Esto podría implicar respirar profundamente, escribir nuestros sentimientos y posibles respuestas, o dedicarnos a una breve distracción para calmarnos, como leer un libro o escuchar música.

Prepararse para una conversación constructiva: Planificamos cómo abordar la conversación de forma no conflictiva, centrándonos en expresar nuestros sentimientos sobre el mensaje y pidiendo claridad. El objetivo es comprender la intención del mensaje sin asumir negatividad ni escalar la situación.

Reflexión sobre los resultados

Por la mañana, después de descansar un poco y con la mente más despejada, Jordan se pone en contacto con su amigo. Resulta que el mensaje se envió en señal de frustración por un asunto distinto y no pretendía ser hiriente ni críptico. El amigo se disculpa por el mensaje nocturno y hablan de cómo comunicarse mejor en el futuro.

Con este ejercicio, no sólo nos hemos enfrentado a un desencadenante habitual en la adolescencia, sino que también hemos practicado habilidades esenciales de regulación emocional, comunicación y resolución de problemas. Al ponernos en la piel de Jordan, comprendemos mejor la complejidad de los desencadenantes y el poder de las estrategias de respuesta proactivas y positivas.

Diario mental

Utilizando el Rastreador de Pensamientos, cambiemos nuestra atención a la influencia de nuestros pensamientos. Imaginemos una tabla con columnas que marcan las distintas etapas de nuestro proceso de control de la ira. Utilizaremos esta hoja de trabajo para documentar nuestros pensamientos y sentimientos de forma exhaustiva cada vez que surja la ira. Registremos lo que nos hizo empezar, desglosemos las primeras ideas que nos vinieron a la mente, exploremos los sentimientos que nos invadieron y registremos nuestra respuesta. Es posible que aprendamos mucho sobre nuestros propios procesos de pensamiento y hábitos de comportamiento al seguir el camino de nuestra ira, lo que nos conducirá al desarrollo y el progreso personal.

Visualizando el Rastreador de Pensamientos: Guía paso a paso

Imagine una tabla u hoja de trabajo sencilla diseñada para diseccionar y comprender sus episodios de ira. Esta tabla está dividida en cuatro columnas principales, cada una de las cuales tiene un propósito específico en su viaje para controlar la ira de forma más eficaz. He aquí cómo visualizarla y utilizarla:

1. Evento desencadenante:

Etiqueta de columna: Disparador
Descripción: Esta columna sirve para anotar el acontecimiento o la situación concreta que provocó tu enfado. Puede ser cualquier cosa, desde un desacuerdo con un amigo hasta una mala nota en un examen
Ejemplo de entrada: Discusión con mi hermano por compartir el ordenador.

2. Pensamientos iniciales:

Etiqueta de la columna: Pensamientos

Descripción: Registra aquí los primeros pensamientos que se te pasaron por la cabeza cuando sentiste que la ira afloraba. Estos pensamientos suelen enmarcar la forma en que percibimos el suceso desencadenante.

Ejemplo de entrada: "Ellos siempre se salen con la suya y yo me quedo fuera".

3. Emociones y sentimientos:

Etiqueta de columna: Emociones

Descripción: Esta columna está dedicada a identificar y nombrar las emociones y sentimientos que surgieron tras los pensamientos iniciales. La ira suele enmascarar otros sentimientos, por lo que ser específico es clave.

Ejemplo de entrada: Frustración, injusticia, sentirse infravalorado.

4. Respuesta y resultados:

Etiqueta de columna: Respuesta

Descripción: La última columna es para reflexionar sobre cómo respondiste a los sentimientos de ira y el resultado de esa respuesta. ¿Incrementó la situación o encontró la forma de calmarse?

Ejemplo de entrada: Gritó y se marchó enfadado, lo que provocó una discusión más larga.

Uso del Rastreador de pensamientos

Rellenando esta tabla cada vez que experimentes ira, podrás empezar a ver pautas en tus desencadenantes, pensamientos y reacciones. Con el tiempo identificarás temas comunes y aprenderás cómo tus pensamientos iniciales pueden dar forma a tus respuestas emocionales. Esta toma de conciencia es el primer paso para elegir respuestas diferentes y más constructivas a la ira en el futuro. Por ejemplo, si te das cuenta de que sentirte infravalorado es un tema común en tus respuestas emocionales, podrías trabajar en técnicas de asertividad o hablar de tus sentimientos en un momento de calma para abordar esta cuestión recurrente.

Registro de la ira

Ahora, hagamos un viaje por el carril de la memoria con el ejercicio de la línea de tiempo de la ira. Imagina un camino para tu ira que comienza con el incidente que la desencadena y continúa a través de tu paisaje emocional hasta que llega a su destino final. Si seguimos la pista de nuestras emociones, ideas y actos en cada paso, podremos rastrear el desarrollo de nuestra ira. Hacernos una imagen mental de los pasos de la gestión de la ira puede ayudarnos a ver tendencias, a centrarnos en las áreas problemáticas y a comprender mejor cómo se desarrollan nuestras emociones.

Aquí lo tenemos: una gran cantidad de atractivos ejercicios destinados a desvelar los secretos de lo que nos hace enfadar. No olvidemos que el primer paso para conquistar nuestra ira es comprenderla al iniciar este camino de autodescubrimiento y progreso. Nos enfrentaremos de frente a los retos de la pubertad, pero saldremos de ella más fuertes y sabios que antes.

Principales conclusiones

- Situaciones, ideas, emociones y sensaciones corporales pueden servir como desencadenantes de la ira, aunque pueden diferir de un individuo a otro.
- Si queremos aprender a controlar nuestra ira, tenemos que saber qué es lo que nos enfada en primer lugar.
- Debido a la forma en que las redes sociales y la presión de grupo moldean nuestras opiniones, acciones y reacciones, los problemas de control de la ira pueden agravarse aún más.

Resumen de medidas prácticas

Si quieres saber cómo reaccionas emocional y conductualmente cuando estás enfadado, puede ayudarte hacer un dibujo de tu viaje de ira de principio a fin.

Puedes ser más consciente de ti mismo, aprender mecanismos de afrontamiento saludables y superar los desencadenantes de tu ira introduciendo cinco sencillos cambios en tu rutina diaria. Tenga siempre presente que mejorar el control de su ira es un proceso, y que el progreso hacia la salud emocional y la superación personal es gradual.

En el próximo capítulo, desentrañaremos las formas en que nuestra fisiología y psicología estructuran nuestra experiencia de la ira. Desde el subidón de adrenalina que acompaña a la motivación exacerbada hasta los complejos mecanismos emocionales que sustentan nuestras respuestas emocionales, desentrañaremos el funcionamiento interno de la ira y la dotaremos de valiosos conocimientos y perspicacia en nosotros mismos para afrontar sus retos con éxito.

Acompáñeme a explorar la relación dinámica entre nuestros estados físicos y nuestras experiencias emocionales. Juntos profundizaremos en el conocimiento de la ira y descubriremos formas prácticas de afrontarla con eficacia. Al profundizar en el estado físico y emocional de la ira, allanaremos el camino hacia un mayor autoconocimiento y bienestar emocional.

CAPÍTULO 3

El panorama físico y emocional de la ira

La ira es un ácido que puede hacer más daño al recipiente en el que se almacena que a cualquier cosa sobre la que se vierta.

– Mark Twain

IMAGÍNESE EN IN una situación en la que emociones viscerales como la rabia fueran abrumadoras. La ira, una emoción fuerte, puede arrasarnos como una tempestad, afectando a nuestra salud física y emocional. Este capítulo explorará el complejo vínculo entre los componentes físicos y emocionales de la rabia, concretamente cómo interactúan entre sí para crear nuestra percepción única de esta poderosa emoción.

Algunos de los temas que trataremos son los siguientes:

- Las manifestaciones físicas de la ira, como el corazón acelerado, las mejillas enrojecidas y el subidón de adrenalina que nos hace estar listos para actuar.
- En lugar de existir en el vacío, la ira suele interactuar con una amplia gama de otras emociones, como el miedo, la tristeza, el resentimiento y la frustración. Vamos a ver cómo estas emociones pueden influir en la ira y verse afectadas por ella.

- El éxito de la gestión de la ira depende de ser capaz de ver los precursores de un estallido de ira. Hablaremos de las señales que suelen mostrar las personas cuando su ira se les va de las manos y cómo evitar que empeore.

Acompáñenos mientras nos adentramos en las profundidades de la furia, descubriendo sus complejidades emocionales y sus expresiones físicas. Podremos aprender a controlar nuestra ira y mejorar nuestra salud emocional comprendiendo la intrincada relación entre nuestros pensamientos y nuestros cuerpos.

Comprender la fisiología de la ira

Comprender la fisiología de la ira implica reconocer las reacciones inmediatas dentro de nuestro cuerpo, así como reconocer las implicaciones a largo plazo para la salud de la ira frecuente o crónica. La ira inicia una cascada de cambios fisiológicos, a menudo denominados respuesta de "lucha o huida", que preparan al cuerpo para enfrentarse a una amenaza percibida o huir de ella. Esta respuesta incluye la liberación de hormonas del estrés, como la adrenalina y el cortisol, el aumento de la frecuencia cardiaca, la elevación de la presión arterial y el aumento del estado de alerta. Aunque estas reacciones están diseñadas para protegernos en situaciones agudas, los efectos a largo plazo de la ira sostenida o frecuente pueden ser perjudiciales para nuestra salud.

Ejemplo

John, un ejecutivo de 45 años, sufría frecuentes ataques de ira en el trabajo. Con los años, este estrés crónico empezó a afectar a su salud. Al principio, John notó un aumento de los dolores de cabeza y dificultades para dormir. Con el tiempo, durante un chequeo rutinario, su médico le diagnosticó hipertensión, una enfermedad que no había padecido antes. Los antecedentes familiares de enfermedad cardiaca de John, junto con su estilo de vida de mucho estrés y sus frecuentes enfados, le exponían a un riesgo significativo de complicaciones cardiovasculares. Tras su diagnóstico, John decidió buscar ayuda para controlar su ira. Mediante terapia y técnicas de reducción del estrés, como la atención plena y el ejercicio, John aprendió formas más sanas de procesar y expresar sus emociones. Durante el año siguiente, no sólo mejoró su tensión arterial, sino que afirmó sentirse menos estresado y con mayor control de sus emociones, lo que ilustra el profundo impacto que el control de la ira puede tener en la salud física.

Es crucial comprender la fisiología de la ira y reconocer sus efectos a largo plazo sobre la salud. Al abordar la ira y aprender estrategias de gestión eficaces, las personas pueden mejorar significativamente su bienestar físico y mental, aumentando su calidad de vida.

El sistema nervioso simpático en acción

En cuanto nuestro cuerpo detecta un peligro, el sistema nervioso simpático entra en acción. Esta parte vital de nuestro sistema nervioso autónomo coordina la reacción de lucha o huida, preparándonos para enfrentarnos directamente al peligro o huir. Cuando este sistema se activa, nuestro cuerpo experimenta una serie de cambios que nos preparan físicamente para entrar en acción.

La secreción de sustancias químicas del estrés

La rápida secreción de adrenalina y cortisol, dos sustancias químicas del estrés, es fundamental para la reacción fisiológica de la ira.6 La liberación de estas potentes sustancias en nuestra circulación desencadena la activación de los mecanismos de defensa de nuestro organismo. El cortisol aumenta el estado de alerta y los niveles de energía, pero la adrenalina acelera nuestro pulso, eleva la presión sanguínea y agudiza nuestros sentidos. Nuestro cuerpo está físicamente preparado para enfrentarse o huir del objeto de nuestra ira como resultado de este aumento hormonal.

Dolor, rigidez y otros síntomas físicos

Al mismo tiempo que nuestro cuerpo reacciona a la ira, experimentamos una cascada de sensaciones corporales fáciles de reconocer. Cuando nuestro cuerpo se prepara para una confrontación violenta, apretamos los dientes, tensamos los músculos y los puños pueden cerrarse inconscientemente. A medida que aumenta nuestro nivel de excitación nuestra respiración se vuelve superficial y rápida. Estos cambios físicos se producen cuando nuestro cuerpo se prepara para enfrentarse a la injusticia o al peligro que nos hizo enfadar en primer lugar.

Efectos en la función cerebral

El centro emocional de nuestro cerebro, la amígdala, es especialmente vulnerable a los efectos destructivos de la ira debido a su compleja arquitectura neuronal. Cuando estamos enfadados, la amígdala se dispara, confunde las señales del entorno con peligro y desencadena una cascada de liberación de hormonas del estrés. Nuestra capacidad para pensar con claridad y reaccionar con calma ante un problema puede verse mermada cuando aumenta la actividad de la amígdala, lo que secuestra nuestros procesos de pensamiento lógico. En consecuencia, nuestro estado emocional exacerbado puede llevarnos a comportarnos de forma precipitada o irracional.

Expresiones abiertas de agresividad

Además de los cambios fisiológicos que se producen en el interior de nuestro cuerpo, también hay evidentes manifestaciones externas de la rabia. A menudo podemos saber cómo nos sentimos por el enrojecimiento de la piel, la transpiración, los temblores o la mandíbula apretada. Las personas que nos rodean pueden percibir la gravedad de nuestras emociones y la posibilidad de una escalada a través de estas señales corporales que indican lo enfadados que estamos.

Impacto en la salud a largo plazo

El apetito de ira es fugaz, pero nuestro bienestar físico puede verse afectado si no se controla durante demasiado tiempo. Varios problemas de salud, como la hipertensión, las cardiopatías, el deterioro de la función inmunológica e incluso el envejecimiento acelerado, se han asociado a la ira crónica. Es crucial aprender formas eficaces de manejar y controlar esta intensa emoción, sobre todo teniendo en cuenta los posibles efectos a largo plazo de la rabia reprimida.

¿Sabías que...?

Aproximadamente el 64% de los jóvenes (de 14 a 21 años) experimentan ira incontrolada.

Vinculación de la ira con las respuestas emocionales

La compleja gama de sentimientos humanos se ve realzada por el complejo entramado de relaciones entre distintos estados de ánimo, uno de los cuales es la ira. Investigar la interacción entre la ira y otras emociones revela los efectos de largo alcance que tiene sobre nuestra salud mental y nuestras relaciones con los demás.

Cómo interactúan otras emociones

En lugar de estar en un estado estático, la ira siempre forma parte de una compleja red de emociones, en la que un sentimiento amplifica e influye en los demás. La ira puede verse amplificada y moldeada por otras emociones negativas, como el resentimiento, el miedo, la melancolía o la culpa. Imagina a Sarah, una estudiante de secundaria que tiene problemas con sus notas. Hace poco, obtuvo una nota inferior a la esperada en un examen importante, una situación que inicialmente le provocó frustración y decepción. Estos sentimientos se convirtieron rápidamente en resentimiento hacia su profesor, que no le proporcionaba el apoyo ni los recursos adecuados. Con el paso de los días, este resentimiento se mezcló con un creciente sentimiento de miedo por sus futuras perspectivas académicas y de culpa por no haber estudiado con más eficacia. Una tarde, el hermano pequeño de Sarah tiró accidentalmente un vaso de agua sobre sus apuntes de estudio.

> Explorar la interconexión de la ira con otras emociones ilumina su profundo impacto en la salud mental y las relaciones interpersonales.

Este pequeño incidente, que en otras circunstancias podría haber provocado un leve enfado, desencadenó una intensa reacción en Sarah. Arremetió contra su hermano con una ira desproporcionada, sorprendiéndose incluso a sí misma. Tras reflexionar, Sarah reconoció que su reacción no se debió únicamente al agua derramada, sino que fue la culminación de una serie de emociones acumuladas. Su miedo subyacente sobre su futuro académico y la culpa que sentía por sus hábitos de estudio intensificaron su ira hacia un objetivo no deseado. Al reconocer este entramado de emociones, Sarah decidió buscar apoyo. Habló con su profesor sobre sus preocupaciones, se sinceró con sus padres sobre sus miedos y empezó a trabajar con un tutor para mejorar sus hábitos de estudio. Al abordar las causas profundas de su ira y las emociones entrelazadas, Sarah encontró formas más sanas de afrontar la situación y poco a poco sintió que controlaba mejor sus reacciones.

Efectos sobre el control de las emociones

La ira puede dificultar mucho la gestión de nuestras emociones, lo que a su vez dificulta el pensamiento racional y el autocontrol. La toma de decisiones irracionales, las acciones impulsivas y los problemas para controlar las emociones pueden ser el resultado de la deformación de nuestros procesos cognitivos cuando estamos dominados por la ira. Como resultado, las personas pueden tener dificultades para manejar circunstancias difíciles o expresar sus emociones de forma saludable, lo que puede agravar el dolor emocional y los conflictos interpersonales.

Estrategias adaptativas y desadaptativas para afrontar el estrés

Para gestionar el malestar emocional causado por la ira excesiva, las personas pueden recurrir a diversas técnicas de afrontamiento. Buscar apoyo social o practicar métodos de relajación son ejemplos de mecanismos de afrontamiento adaptativos; por otro lado, también existen medidas desadaptativas que pueden conducir a un bucle sin fin de malestar emocional. El abuso de sustancias, la agresividad o las conductas de evitación son ejemplos de técnicas de afrontamiento desadaptativas que pueden aliviar la ira a corto plazo, pero que no hacen nada por resolver el dolor emocional y los conflictos interpersonales que se derivan de estas acciones.

Efectos sobre las conexiones personales

La forma en que expresamos y controlamos nuestra ira influye enormemente en la solidez de nuestras relaciones con los demás. Descuidar el control de la ira puede suponer una carga para las relaciones, dañar la confianza y debilitar la intimidad, lo que en última instancia se traduce en animosidad, resentimiento y retraimiento emocional. Además, una dinámica interpersonal desfavorable y una comunicación y resolución de problemas ineficaces pueden ser el resultado de una ira incontrolada. Las relaciones basadas en el respeto y la comprensión mutuos tienen más probabilidades de ser pacíficas y provechosas si las personas aprenden a expresar sus emociones de forma sana y saben cómo resolver los conflictos.

Comprender el impacto del trauma en el cerebro ayuda a reconocer las diversas reacciones al estrés, algo crucial para la resolución eficaz de conflictos.

Comprender el impacto de los traumas en el cerebro es crucial para reconocer por qué las personas pueden reaccionar de forma diferente ante situaciones similares. El trauma puede alterar significativamente la respuesta del cerebro al estrés, lo que a menudo conduce a una mayor sensibilidad a las amenazas percibidas y a una reacción emocional más intensa o prolongada. He aquí un ejemplo en el que se comparan las reacciones de dos individuos -uno con un cerebro traumatizado y otro más dueño de sus emociones- ante la misma situación estresante.

Situación

Durante una reunión de equipo en el trabajo, un directivo critica una propuesta de proyecto presentada por dos miembros del equipo, Alex (que tiene un historial de traumas) y Jordan (que ha desarrollado fuertes habilidades de regulación emocional).

Reacción de emir (cerebro traumatizado)

Para Emir, la crítica del jefe desencadena una respuesta de estrés inmediata e intensa. La amígdala del cerebro, hipervigilante debido a un trauma pasado, percibe la crítica no como un comentario constructivo, sino como una amenaza directa.

Esto activa la respuesta de lucha o huida, lo que provoca una rápida liberación de hormonas del estrés, que agrava el estado emocional de Emir. En lugar de centrarse en el contenido de los comentarios, Emir se siente atacado personalmente, lo que provoca o bien un arrebato defensivo ("¡No es justo! ¡No entiendes el trabajo que he invertido en esto!") o un cierre total, retirándose de la reunión y esforzándose por comunicarse eficazmente. Esta reacción no tiene tanto que ver con la crítica actual como con una pauta pasada de respuesta a la amenaza, grabada en el cerebro de Emir por un trauma.

Reacción de juan (Más control de las emociones)

John, en cambio, percibe la misma crítica a través de una lente diferente. Con un córtex prefrontal bien entrenado en la regulación emocional, John es capaz de hacer una pausa y procesar los comentarios del jefe sin una escalada emocional inmediata. Esta pausa le permite evaluar razonadamente la validez y pertinencia de los comentarios. John reconoce el aguijón emocional de la crítica, pero la ve como una oportunidad de crecimiento, y responde con una petición calmada de sugerencias concretas ("Entiendo sus preocupaciones. ¿Podría darnos una opinión más detallada para ayudarnos a mejorar?"). Para John, la crítica es una interacción profesional, no un ataque personal.

Análisis comparativo

La diferencia clave en las reacciones entre Emir y John puede atribuirse a los distintos efectos del trauma y las habilidades de regulación emocional en la función cerebral. El trauma puede sensibilizar al cerebro para que perciba una amenaza donde no la hay, desencadenando respuestas emocionales y fisiológicas desproporcionadas. Por el contrario, una buena capacidad de regulación emocional, que puede desarrollarse a lo largo del tiempo mediante diversas prácticas y terapias, permite al individuo interpretar las situaciones de forma más objetiva y responder con mesura.

Evaluar las cosas cognitiva y emocionalmente

La ira es sólo una de las muchas reacciones emocionales que pueden derivarse de cómo elegimos percibir el mundo que nos rodea. Algunas distorsiones cognitivas que pueden conducir a visiones distorsionadas y a un aumento de la ira como reacción ante injusticias o peligros percibidos son la personalización, el pensamiento en blanco y negro y la catastrofización. Además, nuestra evaluación cognitiva de los acontecimientos está moldeada por nuestras experiencias previas, creencias y normas culturales, que a su vez afectan a la fuerza y duración de nuestras reacciones de ira.

Las distorsiones cognitivas son patrones de pensamiento irracionales o exagerados que pueden provocar emociones negativas, incluida la ira. Estas distorsiones afectan a la forma en que interpretamos los acontecimientos, las interacciones y el mundo que nos rodea, y a menudo provocan malestar emocional y problemas de conducta. Al comprender estas distorsiones, como la personalización, el pensamiento en blanco y negro y la catastrofización, podemos empezar a ver cómo crean sesgos y bloqueos en nuestra vida cotidiana.

Personalización

La personalización es una distorsión cognitiva en la que un individuo interpreta acontecimientos no relacionados o poco relacionados como si tuvieran un significado directo para él mismo, asumiendo a menudo la culpa de situaciones fuera de su control.

Cuando alguien personaliza los acontecimientos, puede tener un excesivo sentimiento de responsabilidad o culpa por cosas que no son culpa suya. Esto puede conducir a un aumento de la ira, especialmente si se perciben a sí mismos como culpables o víctimas constantes de las acciones de los demás.

Si un amigo cancela sus planes, alguien propenso a personalizar puede pensar: "Lo han cancelado porque no les gusta pasar tiempo conmigo", en lugar de considerar otras razones no relacionadas con ellos. Esto puede provocar sentimientos de ira y resentimiento hacia el amigo, dañando la relación por desaires percibidos que no son intencionados ni personales.

Pensamiento en blanco y negro

El pensamiento en blanco y negro, también conocido como pensamiento de todo o nada, consiste en ver las cosas en categorías extremas, o lo uno o lo otro, sin reconocer ningún término medio o zona gris. Este tipo de pensamiento puede dar lugar a expectativas rígidas y a una falta de flexibilidad para comprender los comportamientos y motivos de los demás. Puede amplificar los sentimientos de ira cuando la realidad no se alinea con estas expectativas binarias.

Un alumno que obtiene un notable en un examen y piensa: "Si no soy perfecto, he suspendido", puede experimentar una rabia y una frustración considerables. Este punto de vista binario bloquea la capacidad de ver los aspectos positivos de su rendimiento y puede crear una agitación emocional innecesaria.

Catastrofización

La catastrofización consiste en esperar el peor resultado posible de una situación y, a menudo, exagerar los posibles problemas.

Esta distorsión puede provocar reacciones emocionales intensas ante acontecimientos relativamente menores, ya que el individuo anticipa el desastre o consecuencias negativas extremas. La anticipación de estos resultados puede provocar ansiedad e ira graves ante los retos cotidianos.

Si alguien oye rumores de despidos en el trabajo, la catastrofización puede llevarle a asumir inmediatamente que va a ser despedido, lo que le provocará ira y estrés por percibir una injusticia o una traición por parte del empresario. Esto puede provocar tensiones y conflictos innecesarios en el lugar de trabajo, aunque el puesto nunca haya estado en peligro.

Superar las distorsiones cognitivas

Reconocer y cuestionar estas distorsiones cognitivas es crucial para la regulación emocional y unas interacciones interpersonales más sanas. Técnicas como la terapia cognitivo-conductual (TCC) pueden ayudar a las personas a identificar sus patrones de pensamiento distorsionados, comprender sus repercusiones y desarrollar formas más equilibradas y racionales de interpretar los acontecimientos. Al abordar estos sesgos y bloqueos, las personas pueden reducir la ira innecesaria y mejorar su resiliencia y bienestar emocional cotidianos.

Regulación emocional y expresión sana

Mejorar la capacidad de controlar y expresar las emociones es crucial para una gestión sana de la ira y el desarrollo emocional. Las personas pueden aprender a controlar sus emociones, reducir su excitación fisiológica y desarrollar mecanismos de afrontamiento adaptativos mediante tácticas cognitivo-conductuales, métodos de relajación y prácticas de atención plena. La resolución de conflictos y la mejora de las conexiones interpersonales son beneficios adicionales del desarrollo de la empatía, la compasión y las habilidades de comunicación segura. La ira y otras emociones pueden gestionarse mejor con autoconciencia y resiliencia cuando las personas tienen una visión más completa de la salud emocional. Esto, a su vez, conduce a vidas más felices y satisfactorias.

Comprender la naturaleza interconectada de la ira y otras emociones arroja luz sobre la complejidad del ser humano. Desarrollar la inteligencia emocional, ser consciente de uno mismo y desarrollar buenas estrategias de afrontamiento permite a las personas aprovechar el poder transformador de las emociones, lo que conduce a un mayor bienestar y a unas relaciones armoniosas.

Rara vez empezamos nuestra ira en el cenit. Hay un efecto dominó que va acumulando nuestras emociones hasta convertirlas en ira explosiva. Incorporar una claridad precisa sobre la regulación emocional, especialmente a través de la lente de los estudios informados sobre el trauma y la comprensión de los procesos neurológicos implicados, puede aumentar significativamente la profundidad y aplicabilidad de este tema. Para satisfacer esta necesidad, profundicemos en los fundamentos neurológicos de la regulación emocional y destaquemos cómo el trauma puede afectar a estos procesos, junto con la presentación de estrategias cognitivo-conductuales y prácticas de atención plena centradas en los resultados de la investigación empírica.

Procesos neurológicos en la regulación emocional

En la regulación emocional intervienen varias áreas clave del cerebro, como el córtex prefrontal (CPF), la amígdala y el hipocampo. El CPF, responsable de funciones ejecutivas como la planificación, la toma de decisiones y el control de los impulsos, desempeña un papel crucial en la regulación de las emociones moderando la respuesta de la amígdala al estrés y a los estímulos emocionales. La amígdala, a menudo denominada el "sistema de alarma" del cerebro, procesa las respuestas emocionales, especialmente el miedo y la ira. El hipocampo participa en la formación de recuerdos, incluida la comprensión contextual de las emociones.

Impacto del trauma en la regulación emocional

Los traumas pueden alterar significativamente estos procesos neurológicos. Las investigaciones indican que la exposición a un trauma, especialmente durante periodos críticos del desarrollo, puede provocar una mayor reactividad de la amígdala y una menor regulación del CPF.10 Este desequilibrio a menudo provoca un aumento de la respuesta al estrés y dificultades para gestionar las emociones, un trastorno conocido como desregulación emocional. Además, los cambios en el hipocampo debidos a un trauma pueden afectar a la forma en que se procesan y evocan los recuerdos emocionales, lo que complica las respuestas emocionales a nuevos estímulos.

Tácticas cognitivo-conductuales y prácticas de mindfulness

La terapia cognitivo-conductual (TCC) ha demostrado ser eficaz para abordar la desregulación emocional ayudando a las personas a replantear los patrones de pensamiento negativos que exacerban las respuestas emocionales (Beck, 2011). A través de la TCC, las personas aprenden a identificar las distorsiones cognitivas y a aplicar un pensamiento más adaptativo, lo que puede reducir la intensidad y la frecuencia de los estallidos de ira.

Se ha observado que las prácticas de atención plena, como la meditación y la respiración consciente, mejoran la regulación emocional al aumentar la conciencia de los estados emocionales y reducir la reactividad. Un estudio de Tang et al. (2015) demostró que el entrenamiento en mindfulness podía reforzar la conectividad entre el CPF y la amígdala, mejorando la capacidad de regulación emocional.

Desarrollar la empatía, la compasión y la capacidad de comunicación

El entrenamiento en empatía y compasión, a menudo integrado en enfoques terapéuticos como la Terapia Dialéctica Conductual (TDC), puede contribuir aún más a la regulación emocional al fomentar una comprensión más profunda de las emociones y perspectivas de los demás, lo que, a su vez, puede mejorar las relaciones interpersonales y reducir los conflictos. Las habilidades de comunicación asertiva, en las que se centran tanto la TCC como la TDC, permiten a las personas expresar sus necesidades y emociones de forma constructiva, sin recurrir a la agresión ni a la pasividad.

Reconocer los signos de la ira creciente

La ira es una emoción humana normal, pero puede pasar rápidamente de una irritación leve a una ira total. Para controlar esta poderosa emoción y evitar consecuencias negativas, es esencial saber detectar las señales de alarma de la ira. Las personas pueden aprender a regular su ira antes de que se les vaya de las manos siendo más conscientes de sí mismas y prestando atención a diversas señales, como las físicas, mentales, conductuales, verbales, emocionales y ambientales.

Signos en el cuerpo

Cuando aumentan los niveles de ira, las personas pueden sentir una serie de sensaciones corporales. Algunos de estos síntomas pueden ser aceleración del corazón, respiración superficial, músculos tensos, puños cerrados y enrojecimiento de la cara. Comprender la reacción fisiológica del cuerpo ante la ira y ser capaz de reconocer estos signos en una fase temprana puede ayudarle a intervenir antes de que sus emociones saquen lo mejor de usted.

Distorsiones cognitivas

Cuando estamos enfadados, nuestros pensamientos tienden a ser sesgados, lo que nos hace sentir aún peor. La ira puede aumentar cuando las personas piensan en términos absolutos, hacen juicios precipitados, generalizan demasiado o se centran demasiado en sí mismas. La ira puede descontrolarse si la gente no aprende a reconocer sus propias distorsiones cognitivas y a cuestionar sus creencias ilógicas.

Alteraciones del comportamiento

A menudo se observan cambios de conducta cuando aumentan los niveles de ira. La ansiedad, el paso de un lado a otro y la inquietud son algunas de las formas en que pueden aparecer estos síntomas. En los casos más graves, las personas pueden volverse violentas y actuar gritando, haciendo gestos amenazadores o incluso mostrándose físicamente violentas. Las personas pueden reducir activamente la tensión y evitar futuras escaladas de situaciones reconociendo estos signos de comportamiento.

El espectro de las manifestaciones de la ira

La ira es una emoción polifacética que abarca un amplio espectro, desde la irritación leve hasta la furia intensa, y puede manifestarse en comportamientos tanto manifiestos como encubiertos. Más allá de los signos visibles, como los gritos o la agresión física, hay indicadores más sutiles de que la ira se está acumulando. Pueden ser cambios en el tono de voz, como volverse más brusco o sarcástico; alteraciones en el lenguaje corporal, como apretar las mandíbulas o los puños; o incluso retraimiento y silencio, que pueden significar ira o resentimiento reprimidos.

Bases psicológicas

> Reconocer las señales de advertencia de que la ira se está acumulando es crucial para controlar esta poderosa emoción y evitar consecuencias negativas.

La expresión de la ira está profundamente ligada a los procesos psicológicos individuales, incluidos los sistemas de respuesta al estrés, los mecanismos de afrontamiento y los comportamientos aprendidos de experiencias pasadas. Por ejemplo, alguien que creció en un entorno en el que la ira se expresaba a través del silencio podría recurrir al retraimiento como principal modo de expresión de la ira. Comprender estos factores psicológicos es crucial para reconocer y abordar la ira de forma saludable.

Reconocer las señales sutiles

Ser consciente de los signos menos evidentes de la ira requiere un mayor sentido de la autoconciencia y de la inteligencia emocional. Implica prestar atención a las propias experiencias internas y reconocer cuándo las distorsiones cognitivas, como la sobre generalización o la personalización, están amplificando la respuesta emocional. Esta conciencia también puede extenderse al reconocimiento de los desencadenantes del entorno o de las interacciones con otras personas que pueden aumentar sutilmente el estrés y, en consecuencia, la ira.

El papel de la fisiología

Fisiológicamente, la ira activa la respuesta de "lucha o huida" del organismo, lo que provoca un aumento de la frecuencia cardíaca, la presión arterial y los niveles de adrenalina. Reconocer estos cambios fisiológicos puede servir como sistema de alerta temprana, señalando la necesidad de emplear estrategias de afrontamiento antes de que la ira se intensifique. Técnicas como la respiración profunda, la atención plena o incluso la actividad física pueden ayudar a regular estas respuestas fisiológicas y evitar que la ira se manifieste en comportamientos perjudiciales.

Estrategias de desescalada

La gestión eficaz y la reducción de la ira implican estrategias internas y externas. Internamente, la reestructuración cognitiva para desafiar y cambiar los patrones de pensamiento inútiles puede reducir la intensidad de la ira. Externamente, las técnicas de comunicación que hacen hincapié en la escucha activa, la empatía y la asertividad pueden ayudar a manejar situaciones que, de otro modo, podrían desembocar en un conflicto. Reconocer la importancia del contexto -entender cuándo y por qué aparecen determinados comportamientos- puede ayudar a elegir la estrategia más adecuada para reducir la tensión.

Expresiones orales

Los indicios no verbales, como los patrones del habla, también pueden arrojar luz sobre cómo se desarrolla la ira. Las manifestaciones verbales de la ira creciente incluyen levantar la voz, utilizar un lenguaje soez, el sarcasmo o las amenazas. Cuando no se controlan, estas emociones pueden agravar las discusiones y tensar las relaciones. Las personas pueden fomentar un discurso productivo y desactivar circunstancias potencialmente explosivas si vigilan su comunicación verbal y emplean un lenguaje agresivo y no conflictivo.

Síntomas físicos

Dolores de cabeza, vértigo, náuseas o agotamiento son algunos de los síntomas físicos que pueden acompañar a una escalada de ira. Estos signos externos reflejan la respuesta fisiológica a la ira y, si no se tratan, pueden amplificar el sufrimiento emocional. Las personas pueden manejar sus síntomas físicos y controlar su ira haciendo ejercicio, utilizando métodos de relajación o ejercicios de respiración profunda.

Ser consciente de las señales de alarma de la escalada de ira permite a las personas tomar medidas preventivas y desarrollar mecanismos de afrontamiento saludables. La ira puede gestionarse mejor y la salud puede mejorar cuando las personas aprenden a ser más conscientes de sí mismas y a controlar sus emociones. Reconocer y controlar la ira creciente es crucial para mantener buenas relaciones y el bienestar emocional. Esto puede lograrse mediante prácticas de atención plena, comunicación enérgica o métodos de relajación.

Cuestionarios de autoevaluación

Cuestionario 1: Evaluación del nivel de ira Spielberger, C.D. (1999) Instrucciones

Valore las siguientes afirmaciones en una escala de 1 a 5, donde 1 indica totalmente en desacuerdo y 5 totalmente de acuerdo.

- ✓ A menudo me siento irritable o me frustro con facilidad.
- ✓ Mi corazón se acelera y mi respiración se vuelve superficial cuando estoy enfadada.
- ✓ Con frecuencia experimento tensión muscular o aprieto los puños cuando me enfado.
- ✓ Tengo dificultades para controlar mi temperamento cuando las cosas no salen como yo quiero.
- ✓ A menudo me arrepiento de mis actos o palabras en momentos de ira.
- ✓ Me resulta difícil calmarme cuando me enfado.
- ✓ Otros han comentado mis frecuentes muestras de ira.
- ✓ Tiendo a guardar rencor o a obsesionarme con conflictos pasados.
- ✓ Me siento abrumado por mi ira y me cuesta gestionarla eficazmente.
- ✓ La ira interfiere en mis relaciones y mi funcionamiento diario.

Puntuación

Sume las puntuaciones de cada pregunta para determinar su nivel general de ira.

- o 10-20: Nivel de ira bajo
- o 21-30: Nivel de ira moderado
- o 31-40: Alto nivel de ira
- o 41-50: Nivel de ira muy alto

Cuestionario 2: Identificación de los desencadenantes de la ira

Instrucciones

Considere las siguientes situaciones e indique si le provocan ira seleccionando Sí o No.

- ✓ Ser criticado o recibir comentarios negativos.
- ✓ Sentirse faltado al respeto o tratado injustamente.
- ✓ Enfrentarse a obstáculos o contratiempos inesperados.
- ✓ Tratar con personas poco cooperativas o incompetentes.
- ✓ Dificultades económicas o estrés.
- ✓ Interactuar con los miembros de la familia en situaciones tensas.
- ✓ Atascos o retrasos durante los desplazamientos.
- ✓ Ser testigo de actos de injusticia o discriminación.
- ✓ Sentirse abrumado por las presiones laborales o académicas.
- ✓ Experimentar malestar físico o dolor

Puntuación

Cuente el número de respuestas afirmativas para identificar sus principales desencadenantes de ira.

Principales conclusiones

- Como consecuencia de la ira, se activa el sistema nervioso simpático y se liberan hormonas del estrés, entre otras reacciones fisiológicas.
- La frustración, la amargura y la agresividad son sólo algunas de las muchas emociones que pueden repercutir y verse afectadas por la ira. La ira puede descontrolarse rápidamente si no se saben reconocer las señales de alarma, como músculos tensos y corazón acelerado.
- Las herramientas de gestión de la ira, como los cuestionarios de autoevaluación, pueden ayudar a las personas a averiguar qué les hace enfadarse y cómo controlarlo.

Resumen de medidas prácticas

- Para controlar las reacciones físicas que provoca la ira, pruebe prácticas de atención plena como la respiración profunda y la relajación muscular progresiva.
- Descubre el dolor o el miedo que hay detrás de tu rabia y averigua cómo afrontar esas emociones de forma saludable.
- Para realizar un seguimiento de los cambios en los niveles de ira y evaluar el éxito en el control de la ira, realice cuestionarios de autoevaluación con regularidad.
- Participar regularmente en cuestionarios de autoevaluación puede ser decisivo para promover un control eficaz de la ira y el bienestar emocional. Al reflexionar sobre preguntas relacionadas con los desencadenantes de la ira, las respuestas emocionales y las estrategias de afrontamiento, las personas pueden cultivar una mayor autoconciencia e identificar patrones recurrentes en sus experiencias de ira.

- Con el tiempo, este proceso permite a los individuos seguir su progreso, reconocer áreas de crecimiento y desarrollar estrategias para una regulación emocional más adaptativa.
- Si tú o un ser querido tenéis problemas para controlar la ira, es una medida valiente pedir apoyo a personas de confianza, ya sean amigos, familiares o expertos en salud mental.

En el próximo capítulo, exploraremos la compleja dinámica de las relaciones mientras continuamos nuestro viaje por el paisaje de la furia. Una emoción tan fuerte como la ira puede tener un impacto significativo en nuestras relaciones con las personas más cercanas, alterando la esencia misma de nuestros vínculos sociales.

Comprender los matices de la resolución de conflictos, la expresión emocional y la comunicación se aclara a medida que profundizamos en las formas en que la ira se manifiesta en diferentes tipos de relaciones en el siguiente capítulo. Comprender la función de la ira en las relaciones es fundamental para establecer vínculos sólidos y relaciones duraderas, ya sea para resolver conflictos con los seres queridos o para afrontar las decepciones sociales. En el capítulo 4, profundizarás en la compleja red de conexiones humanas y en el poderoso impacto que la ira puede tener en ellas.

CAPÍTULO 4

La ira en las relaciones: Amigos, familia y otros

Las emociones son contagiosas. Todos lo hemos sabido por experiencia.

– Daniel Goleman

AL EXPLORAR LA dinámica de la ira en las relaciones, es crucial reconocer su profundo impacto tanto en los individuos como en los vínculos que comparten. Como señaló en una ocasión el renombrado psicólogo Daniel Goleman: "Las emociones son contagiosas. Todos lo hemos sabido por experiencia". Este sentimiento subraya la profunda influencia de la ira en las conexiones interpersonales, donde sus efectos pueden propagarse mucho más allá del desencadenante inicial. La cita sugiere que, aunque las heridas físicas pueden curarse con el tiempo, las cicatrices emocionales que deja la ira suelen perdurar, a veces indefinidamente.

Profundizando en las complejidades de la ira en diversos contextos relacionales -ya sea con amigos, familiares o conocidos- podemos comprender mejor su potencial para fracturar los vínculos, erosionar la confianza y sembrar semillas de resentimiento. Así pues, mientras navegamos por los entresijos de la ira dentro de nuestros círculos sociales, resulta imperativo cultivar la autoconciencia, la empatía y unas habilidades de comunicación eficaces para fomentar unas relaciones más sanas y armoniosas. Imagina que se está formando una tormenta en el horizonte. Las nubes oscuras se arremolinan con fuerza y están a punto de soltar un diluvio de lluvia y relámpagos. La ira, como una tormenta, puede ser cruel e imprevisible, proyectando una sombra sobre nuestras relaciones y dejando heridas difíciles de curar. Cuando estás entre gente enfadada, ya sea en tu familia, amigos o círculo de conocidos, ¿alguna vez te has visto arrastrado por las olas? La ira puede tener un efecto devastador en todos los vínculos, desde la delicada dinámica de una amistad tensa hasta los violentos enfrentamientos de la dinámica familiar.

Este capítulo te llevará de viaje por la compleja red de las relaciones, examinando las formas en que aparece la ira y el daño que puede causar en nuestras relaciones. Exploraremos los hechos ocultos de la ira en nuestras relaciones más cercanas y aprenderemos formas de resolver los desacuerdos con empatía y gracia mediante un examen de cuentos, datos y preguntas diseñadas para estimular la reflexión. Preparémonos, pues, para enfrentarnos de frente a las olas de la dinámica interpersonal, de modo que podamos salir del otro lado con una mejor comprensión de lo que hace falta para construir vínculos más fuertes y sanos entre nosotros.

La ira en la amistad

Aunque las discusiones y riñas forman parte de toda relación, puede resultar difícil controlar la ira en las amistades. Tener amistades buenas y felices depende de aprender a equilibrar las emociones. Conoce todos los entresijos del manejo de la ira en tus amistades con esta guía detallada:

Comprender la dinámica de la ira

La confianza, el respeto mutuo y las experiencias compartidas son las piedras angulares de una amistad sólida. Por otro lado, los desacuerdos pueden surgir cuando no se satisfacen las expectativas de las personas, se violan los límites o se interrumpe el diálogo. La frustración, el dolor, la rabia y otras emociones negativas pueden surgir de estos desacuerdos y, si no se atienden, pueden poner a prueba la conexión. El primer paso para superar las discusiones y construir la conexión es identificar lo que realmente os molesta, como deseos insatisfechos o asuntos pendientes.

> Navegar por la ira en amistades requiere comprender las emociones emociones comunicación empatía para fortalecer las conexiones.

Por ejemplo, consideremos el caso de una pareja que discute repetidamente sobre las tareas domésticas. Aunque el desacuerdo superficial parece girar en torno al reparto de tareas, una exploración más profunda puede revelar que uno de los miembros de la pareja se siente infravalorado y poco apreciado por sus contribuciones, mientras que el otro alberga un resentimiento derivado de expectativas no expresadas. En tales circunstancias, la pareja puede dejar de culparse y centrarse en la colaboración para abordar las preocupaciones básicas mediante una simple conversación sincera sobre sus emociones y necesidades, fomentando así la comprensión, la empatía y, en última instancia, una conexión más fuerte.

Comunicación sincera

La base de toda relación sana, incluidas las amistades, es la comunicación abierta y sincera. Utiliza frases con "yo" para explicar tu punto de vista sin culpar a nadie; hazlo con educación y delicadeza. Inspira a tu amigo para que te cuente cómo se siente y cómo piensa, y préstale mucha atención para que puedas captar su punto de vista. Cuando las personas son capaces de comunicarse eficazmente, pueden entenderse y compartir sus pensamientos y emociones sin miedo a sufrir repercusiones.

La empatía es la clave

Cuando se trata de la rabia en las amistades, la empatía es clave. La validación también es importante. Intenta empatizar con tu amigo poniéndote en su lugar. Reconoce sus experiencias y muestra atención y compasión para validar sus sentimientos. Expresa tu voluntad de estar a su lado y reconoce que sus sentimientos son reales. Cuando las personas se hablan con empatía, todos se sienten escuchados, apreciados y apoyados.

En busca de una solución

Resolver los conflictos es crucial para hacer frente a la ira en las amistades y recuperar la paz. Intenta resolver el desacuerdo de forma amistosa con la ayuda de tu amigo. Piensa en soluciones intermedias que puedan satisfacer las demandas de ambos. Acepta la responsabilidad de tu comportamiento y estate dispuesto a disculparte si es necesario. Encontrar un terreno común y profundizar en vuestra relación debe tener prioridad sobre intentar "ganar" un asunto. Resuelve los conflictos mostrando empatía, siendo paciente y estando abierto al compromiso.

Perdón

Un componente clave para resolver los enfados en las amistades es perdonarse mutuamente y seguir adelante. Deja en el pasado tus sentimientos negativos hacia tu amigo. Ahora es el momento de seguir adelante. Mantener el resentimiento y la culpa entre amigos sólo empeora las cosas. Más bien, perdonaos mutuamente y ved el desacuerdo como lo que realmente es: una oportunidad para aprender y desarrollarse. Pactad trabajar para mejorar vuestra relación y aceptad las lecciones aprendidas. Construir una relación más fuerte y resistente es posible cuando ambos practican el perdón y aceptan el desarrollo. Os ayudará a afrontar juntos los obstáculos.

Por último, ser capaz de comunicarse eficazmente, empatizar y estar dispuesto a llegar a un acuerdo es necesario para que los amigos puedan controlar la ira. Vuestras amistades florecerán y vuestras relaciones serán más solidarias y comprensivas si aprendéis a controlar la ira, a hablaros con sinceridad, a establecer límites sanos y a perdonaros a vosotros mismos y a los demás cuando metáis la pata.

La ira en el entorno familiar

En las relaciones familiares, la ira puede enredarse a menudo, dando lugar a emociones exacerbadas e interacciones tensas. Comprender la dinámica propia de la unidad familiar es esencial para gestionar eficazmente la ira y fomentar unas relaciones más sanas. Al reconocer los patrones subyacentes de comunicación, las estructuras de poder y los desencadenantes emocionales de tu familia, puedes obtener información valiosa sobre por qué surgen los conflictos y cómo abordarlos de forma más constructiva.

Reconocer que es normal enfadarse con los familiares es el primer paso. La mayoría de la gente no te conoce tan bien como tu familia, o al menos no en la medida que a ti te gustaría. Aunque es normal que te enfades con tu familia, debes asumir toda la responsabilidad de cómo actúas cuando estás enfadado.

> Asumir la responsabilidad de las propias acciones en momentos de ira es crucial para fomentar relaciones sanas.

Asegúrese de que sus expectativas son razonables

Es decir, te estás invitando a la decepción si crees que tu familia actuará de forma diferente a como te han mostrado. Sé honesto contigo mismo y acepta a los miembros de tu familia por lo que te han mostrado, con defectos y todo. Tendrás más posibilidades de enfrentarte a la realidad cuando te la encuentres si estás preparado para ello. Además, será más fácil evitar enfadarte con tus familiares cuando no se ajusten a tus expectativas si puedes aceptarlos tal y como son, con defectos y todo.

Aceptar a un miembro de la familia no implica estar totalmente de acuerdo con sus opiniones o comportamientos, sino reconocer y respetar su autonomía y su valor inherente como persona. Esta distinción permite cultivar límites sanos y una comunicación constructiva dentro de la unidad familiar. Por ejemplo, imaginemos que uno de los padres tiene creencias políticas diametralmente opuestas a las de su hijo adulto.

Aunque el hijo esté en total desacuerdo con la postura de su progenitor, puede optar por respetar su autonomía y mantener una relación afectuosa centrándose en los valores compartidos, fomentando un diálogo abierto y encontrando puntos en común siempre que sea posible. Al adoptar la noción de que la aceptación no equivale a la aprobación, los miembros de la familia pueden manejar las diferencias con gracia, empatía y respeto mutuo, preservando así los lazos familiares al tiempo que honran sus propias convicciones.

Tómatelo con calma con los demás

Ten en cuenta que no estás obligado a compartir tus opiniones, comportamientos o intereses con nadie. Debes ser tan comprensivo con los puntos de vista de los demás como querrías que te trataran con respeto cuando expresas los tuyos. Otra cosa importante que debes recordar al tratar la ira con la familia es ser amable y tolerante con ellos, por muy diferentes que sean de cómo crees que "deberían" ser.

En lugar de hablar para que te entiendan, escucha para entender

Escuchar con la intención de comprender y no sólo de ser comprendido. En mi opinión, no hay que subestimar la importancia de escuchar a los demás. Cuanto más hagas que los demás se sientan escuchados, más probable es que te devuelvan el favor. Sobre todo cuando se trata de miembros de la propia familia. Ponte en su lugar y escúchales sin dar tu opinión. Tus seres queridos lo apreciarán más. Como probablemente quieras que hagan contigo, tus posibilidades de aceptar a alguien por lo que es mejoran cuanto más puedas ver las cosas desde su punto de vista y comprender sus motivaciones.

Ten en cuenta que eres humano y propenso a cometer errores making errors

Cuando cometes un error, es tentador centrarte en ti mismo, pero recuerda que tus seres queridos también están disgustados. Tendemos a centrarnos en el dolor que nos infligen los demás y a restar importancia al que nosotros creamos en otras personas. Sin embargo, ahora que lo sabes, creo que es tu deber hacer balance y reconocer que has perjudicado a tu familia de muchas maneras, ya sea a propósito o sin querer. Podrás acercarte a los familiares que ahora te molestan con mayor humildad después de comprender mejor tus propios defectos.

Sé amable mientras diriges.

Aunque dirigir con amabilidad y compasión suele ser beneficioso para resolver desacuerdos familiares, es importante reconocer las limitaciones de este enfoque, especialmente en situaciones en las que las relaciones familiares están marcadas por la toxicidad o el abuso. El sentimiento de que "la familia es la familia" puede no abordar adecuadamente la profundidad del dolor y el trauma que experimentan las personas que se enfrentan al ridículo, la desautorización u otras formas de maltrato por parte de los miembros de la familia.

En tales casos, dar prioridad al propio bienestar, establecer límites y buscar el apoyo de fuentes de confianza son pasos esenciales para navegar por dinámicas familiares difíciles. Fomentar el diálogo sobre las complejidades de las relaciones familiares y promover la comprensión, reconociendo al mismo tiempo la necesidad de responsabilidad y autoprotección, puede fomentar unas relaciones más sanas dentro de las familias. En última instancia, la curación y la reconciliación auténticas dentro de la dinámica familiar requieren empatía, comprensión y el compromiso de abordar los comportamientos y las dinámicas perjudiciales.

El conflicto familiar

Imaginemos un matrimonio formado por Karen y Tom que tiene un historial de acaloradas discusiones sobre dinero. Estas discusiones acaban agravándose y provocan tensiones en la relación con sus hijos. Su incapacidad para resolver sus diferencias económicas repercute negativamente en la confianza y la cercanía de su familia, lo que conduce a un círculo vicioso de animosidad y conflictos.

En este análisis, vemos cómo las tensiones entre Tom y Karen muestran cómo los problemas persistentes pueden afectar a las relaciones familiares. La estabilidad y la unidad de su unidad familiar se ven socavadas por su incapacidad crónica para comunicarse con claridad y llegar a un consenso sobre las cuestiones monetarias. Karen y Tom pueden arreglar su relación y la situación económica de su familia acudiendo a un profesional que les ayude con sus dificultades de comunicación y relación. Podría ser en forma de terapia de pareja o de planificación financiera.

Puntos importantes: Lo más importante que hay que recordar es que el mejor enfoque para arreglar los problemas familiares y construir relaciones es hablar las cosas, escuchar atentamente y trabajar juntos para encontrar soluciones. Fomentar un entorno familiar útil y armonioso es posible cuando las familias dan prioridad al respeto y la comprensión mutuos. Esto les permite perseverar en las dificultades económicas y otras tensiones como una unidad.

Establecer límites saludable

Navegar por las relaciones familiares, sobre todo en caso de desacuerdo o conflicto, requiere una comprensión matizada de los límites. Los límites son los límites emocionales, físicos y psicológicos que las personas establecen para proteger su bienestar y mantener relaciones sanas. Sirven como pautas de comportamiento aceptable y ayudan a delimitar dónde acaba una persona y empieza otra en el contexto de las relaciones.

Establecer límites implica identificar las necesidades, valores y límites personales, así como comunicarlos de forma clara y asertiva a los demás. Los límites pueden adoptar diversas formas, como:

Límites emocionales: Se trata de respetar los sentimientos, las opiniones y la autonomía de cada uno. Por ejemplo, establecer límites sobre cuánto apoyo emocional o implicación se está dispuesto a proporcionar en determinadas situaciones

Límites físicos: Se refieren al espacio personal y al contacto físico. Pueden incluir el establecimiento de límites en torno a las pertenencias personales, el espacio personal o el afecto físico.

Establecer y hacer cumplir los límites en las relaciones familiares es esencial para mantener el bienestar emocional y fomentar conexiones sanas.

Límites temporales: Consisten en priorizar el tiempo y la energía de cada uno y poner límites a la cantidad de tiempo que se dedica a determinadas actividades o relaciones

Límites de comunicación: Abarcan la forma en que las personas se comunican entre sí y pueden implicar el establecimiento de pautas para una comunicación respetuosa, escuchar sin juzgar y expresar las necesidades y preocupaciones de forma asertiva. Poner en práctica los límites requiere coherencia, autoconciencia y asertividad. A menudo implica practicar el autocuidado, reconocer cuándo se violan los límites y tomar medidas para hacerlos cumplir. Esto puede incluir comunicar los límites de forma directa y respetuosa, buscar el apoyo de amigos o profesionales de confianza, o limitar el contacto con personas que repetidamente hacen caso omiso de los límites.

Igual que pintar líneas en la arena delimita dónde acaban los derechos de una persona y empiezan los de otra en la intrincada danza de las interacciones humanas, definir límites hace lo mismo. Las relaciones respetuosas con los demás y nuestra propia salud emocional dependen de nuestra capacidad para establecer y respetar los límites adecuados cuando tratamos con la ira.

Respetar los límites individuales

Los límites son como un muro que mantiene protegida nuestra salud mental, emocional y corporal. Establecer y transmitir los propios límites puede sentar las bases de una conducta y un trato aceptables e inaceptables. Cuando somos conscientes de nosotros mismos, podemos ver cuándo alguien ha traspasado nuestros límites y decidir qué hacer al respecto.

Evitar el odio y el agotamiento

Corremos el riesgo de sentirnos abrumados, enfadados o agotados por las exigencias y expectativas de los demás si no establecemos límites claros para nosotros mismos. Para evitar el agotamiento y el resentimiento, es importante establecer límites adecuados que nos dejen tiempo para cuidarnos, relajarnos y recargar pilas. Al establecer límites claros, podemos organizar mejor nuestro tiempo y energía para que estén al servicio de nuestros objetivos más importantes y cumplir con nuestras obligaciones más apremiantes.

Fomentar las interacciones respetuosas

En lugar de construir barreras o excluir a las personas, establecer límites es una oportunidad para cultivar relaciones caracterizadas por la comprensión, la empatía y el respeto mutuo. Demostramos a la gente cuánto nos valoramos y cuánto esperamos que nos traten con decencia y respeto cuando expresamos nuestros límites de forma segura y educada. Al hacer lo mismo, demostramos que valoramos la independencia de los demás y la capacidad de elegir por sí mismos cómo vivir nuestras vidas.

Casos prácticos y análisis

La comprensión de los matices de la gestión de la ira en diferentes contextos sociales se ve enormemente favorecida por el examen de ejemplos de la vida real. Podemos aprender mucho sobre cómo manejar situaciones comparables en nuestras propias vidas observando estos ejemplos e intentando comprender la dinámica en juego. A modo de ejemplo, veamos algunos casos prácticos y analicemos los puntos principales:

1. El conflicto entre hermanos

Imagínese lo siguiente: Sarah y David son dos hermanos adolescentes que tienen un historial de discusiones sobre quién se queda con qué en casa. Las discusiones y los sentimientos heridos se suceden cuando Sarah se amarga cuando David no aporta la parte que le corresponde.

Según el análisis, un fallo a la hora de establecer límites firmes y comunicar las expectativas sobre las tareas domésticas está en el centro de esta situación. Es posible que David no se dé cuenta de cómo afectan sus comportamientos a su hermana, Sarah, que está frustrada porque se siente sobrecargada de trabajo e infravalorada. Sarah y David pueden establecer límites claros y elaborar un reparto justo de responsabilidades escuchándose mutuamente y hablando de lo que prevén. Esto les ayudará a trabajar juntos con más eficacia y a reducir los conflictos.

Puntos importantes: Para resolver los desacuerdos y fomentar la colaboración en las relaciones entre hermanos, es fundamental que exista una comunicación eficaz, respeto mutuo y límites bien establecidos. Las relaciones más sólidas y armoniosas, basadas en la comprensión y la empatía, pueden lograrse cuando los hermanos afrontan las dificultades subyacentes y negocian compromisos.

2. La explosión en el lugar de trabajo

Imagínate esto: una reunión de equipo se pone fea cuando Mark, el jefe de proyecto, se enfada con un compañero que cuestiona sus decisiones de liderazgo. La moral del equipo cae en picado, ya que la comunicación y la cooperación se desvanecen como consecuencia de su rabieta.

Los efectos destructivos de las emociones descontroladas en el trabajo se ponen de manifiesto en el furioso arrebato de Mark. Su incapacidad para controlar su temperamento repercute negativamente en su carrera y en la moral y el rendimiento del equipo. Es posible crear un entorno de trabajo más agradable y solidario para Mark si se toma el tiempo necesario para centrarse en lo que le enfada y encuentra otros métodos para manejar las críticas de forma constructiva.

Puntos importantes: Enfrentarse a dinámicas interpersonales difíciles en el trabajo requiere inteligencia emocional, autoconciencia y capacidad para manejar el estrés de forma eficaz. Las personas pueden reaccionar a los desacuerdos en el lugar de trabajo con profesionalidad y calma desarrollando resiliencia y utilizando mecanismos de afrontamiento constructivos. Esto, a su vez, fomenta la confianza y la cooperación entre sus equipos.

Los estudios de casos son una excelente manera de aprender sobre los pormenores de la gestión de la ira en las relaciones. La capacidad de una persona para manejar los desacuerdos, promover la comunicación y cultivar relaciones sanas y satisfactorias puede mejorarse estudiando estos casos y extrayendo importantes lecciones.

Principales conclusiones

- Cuando se trata de manejar la ira en situaciones sociales, como las amistades y la familia, es crucial comunicarse bien. Es posible mantener relaciones civiles y sin conflictos estableciendo límites razonables.
- Las personas pueden aprender a controlar sus emociones y evitar que las situaciones empeoren si son conscientes de las señales de alarma.
- Se puede aprender a negociar con éxito los problemas interpersonales y a controlar la ira analizando casos prácticos de la vida real.

Resumen de medidas prácticas

- Para fomentar el entendimiento y reducir las disputas, esfuérzate por escuchar activamente y empatizar con los demás cuando te relaciones con ellos.
- Haz saber tus deseos y expectativas de forma honesta y contundente, y establece límites firmes.
- Puedes aprender a controlar tus emociones practicando la atención plena o métodos de relajación y aprendiendo a notar las sensaciones corporales o los cambios de humor que indican un inminente estallido de ira.
- Pensar en cómo manejarías circunstancias similares (como las que se comentan en el libro) en la vida real, podría ayudarte a desarrollar mecanismos de afrontamiento saludables para lidiar con los desacuerdos y establecer una buena relación.

Desarrollar la inteligencia emocional es una parte importante del mantenimiento de la salud emocional, y ha llegado el momento de avanzar desde nuestra discusión anterior sobre la ira en las relaciones. Para comprender y controlar mejor nuestras emociones, profundizaremos en este tema en el próximo capítulo.

Descubriremos formas realistas de mejorar la inteligencia emocional, el autoconocimiento y el bienestar en las relaciones.

Acompáñenos en el capítulo 5 para adentrarnos en el intrigante mundo de la inteligencia emocional y allanar el camino hacia una mayor resiliencia y satisfacción emocional.

Marque la diferencia con su crítica Libere el poder de la generosidad

"El dinero no puede comprar la felicidad, pero regalarlo sí". - Freddie Mercury

¿Sabías que las personas que dan sin esperar nada viven más, son más felices y ganan más dinero? Así que si tenemos una oportunidad durante nuestro tiempo juntos, maldita sea, voy a intentarlo. Para que eso suceda, tengo una pregunta para ti...

¿Quién es esta persona? Se parece mucho a ti. O, al menos, recuerda a quien fuiste tú una vez: sin experiencia, con ganas de marcar la diferencia y buscando orientación pero sin saber dónde encontrarla.

Nuestra **MISIÓN** es poner la sabiduría del control de la ira al alcance de todos. Todo lo que hacemos se deriva de esa misión. Y la única forma de cumplirla es llegar a... bueno... todo el mundo.

Aquí es donde**entra USTED**. . Por mucho que deseemos lo contrario, la mayoría de la gente juzga un libro por su cubierta (y sus reseñas). Así que esta es mi petición en nombre de un adolescente en apuros como el que tú fuiste una vez:

Por favor, preste su VOZ a este libro dejando una reseña.

Su **CONTRIBUCIÓN NO** requires **dinero** y tarda menos de 60 segundos, pero podría cambiar la **VIDA**de un compañero adolescente para siempre.Tu **REVISIÓN** could help...

...otro adolescente en apuros encuentre consuelo y apoyo.
...un padre o cuidador comprenda y conecte mejor con su hijo.
...un profesor o consejero proporciona una orientación más eficaz a sus alumnos.
...una comunidad fomenta la empatía y la comprensión entre sus miembros.

Para experimentar la satisfacción de marcar una verdadera diferencia y ayudar a alguien que lo necesita, todo lo que tiene que hacer es... y le llevará menos de un minuto... **DEJAR UNA OPINIÓN.**

Simplemente escanee el código QR que aparece a continuación para dejar su opinión:

Si crees en el **PODER de la EMPATÍA** y el apoyo, eres mi tipo de persona **BIENVENIDO** al **CLUB. ERES uno de NOSOTROS.**

Estoy aún más emocionada de ayudarte a navegar por las tormentas de la adolescencia y a dominar tus emociones de lo que puedas imaginar. Encontrarás un inmenso valor en las estrategias y percepciones que estoy a punto de compartir en los capítulos **PRÓXIMOS.**

GRACIAS desde lo más profundo de mi corazón. Ahora, volvamos a nuestro viaje de crecimiento y comprensión.

Tu aliada en el viaje, **Emma Davis**

BANG

PD - ¿Lo sabías? Al aportar valor a los demás, usted se vuelve más valioso para ellos. Si crees que este libro puede beneficiar a otra persona, ¿por qué no se lo pasas?

CAPÍTULO 5

Desarrollar la inteligencia emocional

La mayor habilidad en los negocios es llevarse bien con los demás e influir en sus acciones

– John Hancock

¿SE HA PREGUNTADO ALGUNA VEZ por qué algunas personas parecen manejar con facilidad los obstáculos de la vida y otras parecen tener dificultades para regular sus emociones? La inteligencia emocional tiene una solución. La inteligencia emocional (IE), también conocida como cociente emocional (CE), se refiere a la capacidad de reconocer, comprender y gestionar las propias emociones, así como de reconocer, comprender e influir en las emociones de los demás. Abarca una serie de habilidades y competencias que contribuyen a la comunicación eficaz, la empatía, el conocimiento de uno mismo y las relaciones interpersonales."

A continuación explicaremos por qué es tan importante desarrollar la inteligencia emocional y cómo puede revolucionar sus relaciones en el trabajo y en casa.

Comprender la importancia de la inteligencia emocional (IE) es crucial para superar los retos de la vida y fomentar relaciones significativas.

En este capítulo se explorará el apasionante ámbito de la inteligencia emocional, junto con métodos prácticos para aumentarla. Lo que sigue es una lista de temas:

- Comprender el concepto de compasión y el manejo de la empatía
- Anticipaciones e insatisfacciones
- Mejorar la conciencia de uno mismo y la autorregulación
- Aventuras en la narración interactiva y los juegos de rol

Gestión de expectativas y frustraciones

La capacidad de empatizar con los sentimientos y experiencias de otra persona es fundamental para desarrollar relaciones genuinas con ella. Cuando empatizamos con otra persona, mostramos nuestra disposición a comprender su punto de vista, validar sus experiencias y reconocer sus emociones. Fomentar la reciprocidad de la empatía, establecer la confianza y permitir una comunicación abierta son aspectos cruciales de la gestión de la ira que dependen de la empatía.

Potenciar la inteligencia emocional

La inteligencia emocional es un conjunto de habilidades que nos ayudan a afrontar situaciones sociales difíciles, leer el lenguaje corporal y mantener nuestras emociones bajo control. Una de estas habilidades es la empatía. Una respuesta más compasiva, comprensiva y empática a la ira es posible cuando nos entrenamos para estar más en sintonía con nuestros propios sentimientos y los de los demás.

La empatía como herramienta de resolución de conflictos

La empatía nos permite rebajar las tensiones, disipar la animosidad y fomentar la reconciliación cuando nos encontramos en situaciones conflictivas. Comprender los sentimientos y puntos de vista de los demás nos ayuda a establecer puntos de acuerdo, aclarar confusiones y resolver conflictos de forma satisfactoria para todos. Ser empático también nos ayuda a llegar al fondo de las cosas, lo cual es crucial para arreglar las relaciones y resolver los conflictos a largo plazo.

E El papel de la compasión en la promoción de la salud y el bienestar

Una persona compasiva va más allá de la mera empatía para motivar a los demás a actuar y ayudar a quienes sufren. En lugar de retribuir y culpar, hacemos hincapié en la comprensión, el perdón y la reconciliación cuando manejamos la ira con compasión. Fomentamos una atmósfera propicia para la recuperación, el desarrollo y el cambio cuando mostramos compasión por los demás y por nosotros mismos.

Promover la expiación y la paz

Cuando practicamos la compasión, somos capaces de soltar la ira, perdonar y seguir adelante con nuestras vidas. Libérate del peso de la amargura y el resentimiento viendo la humanidad y el valor de las personas que te han hecho daño. Esto te ayudará a sanar y a seguir adelante con tus relaciones rotas.

Salud emocional

Ser compasivo ayuda a las personas a sentirse más conectadas con los demás y con su humanidad común, lo que a su vez potencia su salud emocional y su resiliencia. Todos podemos poner de nuestra parte para sanar como sociedad y mejorar nuestros vínculos sociales practicando la autocompasión y luego contagiando esa actitud a los que nos rodean.

¿Sabías que...?

El 8% de las personas con problemas de ira moderados tienen probabilidades de desarrollar complicaciones importantes en su vida.

Afrontar las frustraciones

Estrategias para afrontar el estrés

- Reduzca la irritación y mejore su salud mental haciendo de la gestión del estrés una parte habitual de su vida. El ejercicio físico, la relajación muscular gradual, las técnicas de respiración profunda y la meditación consciente son ejemplos de lo que puede incluirse en esta categoría.
- Escribir un diario, crear obras de arte o dedicarse a un pasatiempo relajante son formas saludables de liberar la irritación reprimida. En lugar de dejar que los sentimientos persistan y empeoren, puede ser útil expresarlos de forma productiva.

Tratando de encontrar ayuda

- Cuando estés luchando contra una ira intensa, no tengas miedo de pedir ayuda a alguien en quien confíes, ya sean seres queridos o expertos en salud mental. Cuando los tiempos son difíciles, ayuda hablar con alguien de confianza para obtener un punto de vista externo, afirmación y consejo.
- Si el estrés y la frustración se apoderan de usted, puede que haya llegado el momento de unirse a un grupo de apoyo o consultar a un terapeuta. Un terapeuta cualificado puede facilitar una gestión más eficaz de las emociones difíciles mediante tácticas específicas y habilidades de afrontamiento.

Puede mejorar su salud, su inteligencia emocional y su capacidad de recuperación aprendiendo a gestionar sus expectativas y frustraciones de forma saludable. La frustración es una emoción humana natural, pero la forma en que la gestionas determina la calidad de tu experiencia y los resultados que obtienes.

Desarrollar el autoconocimiento y el autoco

Mejorar el autoconocimiento y el autocontrol implica un enfoque polifacético destinado a profundizar en el conocimiento de uno mismo y perfeccionar la capacidad de regular las emociones. He aquí un desglose de los aspectos clave a tener en cuenta:

Prácticas de atención plena

Practica la meditación de atención plena: La práctica regular de la meditación puede ayudar a cultivar la conciencia del momento presente, permitiéndote observar tus pensamientos, emociones y sensaciones corporales sin juzgarlos.

Practica la respiración consciente: Concéntrate en tu respiración mientras entra y sale de tu cuerpo, utilizándola como ancla para devolver tu atención al momento presente cada vez que te sientas abrumado por la ira.

Incorpore la atención plena a las actividades cotidianas: Incorpora la atención plena a tareas cotidianas como comer, caminar o fregar los platos, prestando atención a las sensaciones, pensamientos y emociones que surgen.

Ejercicios de reflexión

Autoindagación: Hazte preguntas de sondeo para profundizar en tu autoconocimiento, como "¿Qué situaciones o interacciones tienden a desencadenar mi ira?" o "¿Cómo suelo responder cuando me siento enfadado?".

Estrategias prácticas

Reconocer las primeras señales de alarma: Aprenda a identificar las señales físicas, emocionales y de comportamiento que indican una escalada de la ira, como el aumento del ritmo cardíaco, la tensión corporal o los patrones de pensamiento negativos.

Haz una pausa y respira: Cuando notes estas señales de alarma, tómate un momento para hacer una pausa y respirar profundamente varias veces. Este simple acto puede ayudar a interrumpir la respuesta automática de estrés y proporcionar una breve ventana de oportunidad para elegir una respuesta más constructiva.

Utilice técnicas de relajación: Practica técnicas de relajación como la relajación muscular progresiva o la imaginación guiada para ayudar a liberar tensiones y promover una sensación de calma.

Desarrollar estrategias de afrontamiento: Explora mecanismos de afrontamiento saludables para controlar la ira, como el ejercicio, la expresión creativa o hablar con un amigo o terapeuta de confianza.

Reformular los pensamientos negativos: Desafía y replantea los pensamientos irracionales o distorsionados que alimentan la ira, sustituyéndolos por perspectivas más equilibradas y realistas.

Establezca límites: Establece límites claros en tus relaciones y comunícalos asertivamente a los demás. Los límites ayudan a proteger tu bienestar emocional y a prevenir situaciones que pueden desencadenar la ira.

Al incorporar estas prácticas y estrategias a tu vida diaria, puedes mejorar gradualmente tu autoconciencia y autocontrol, capacitándote para manejar la ira de forma más eficaz y cultivar una mayor inteligencia emocional.

Historias interactivas y juegos de rol

Utilizar historias interactivas y escenarios de juegos de rol puede ser una forma dinámica y atractiva de profundizar en la comprensión y practicar habilidades relacionadas con la inteligencia emocional y el control de la ira. A continuación se explica cómo aplicar eficazmente estos enfoques:

Historias interactivas

- Crear narraciones que representen a personajes enfrentados a situaciones que impliquen ira y desafíos emocionales.
- Incorpore personajes afines y escenarios realistas que resuenen con las experiencias del público.
- Introducir diversos resultados y consecuencias basados en las elecciones y acciones de los personajes, destacando el impacto de las diferentes respuestas a la ira.
- Anime a los lectores o participantes a comprometerse activamente con la historia reflexionando sobre las emociones, motivaciones y procesos de toma de decisiones de los personajes.
- Facilite debates en grupo o reflexiones individuales tras la historia para explorar los temas clave, las lecciones aprendidas y las posibles estrategias para gestionar la ira.

Escenarios de juego de rol

- Diseñar escenarios de juegos de rol que simulen interacciones interpersonales y situaciones de conflicto de la vida real.
- Asigne papeles a los participantes y proporcióneles instrucciones y objetivos específicos basados en el escenario.
- Anime a los participantes a encarnar con autenticidad los papeles asignados, expresando pensamientos, emociones y comportamientos coherentes con su personaje.
- Facilite el ejercicio de escenificación proporcionando orientación, comentarios e indicaciones según sea necesario para apoyar la participación constructiva y el aprendizaje.
- Tras el juego de rol, informe a los participantes sobre la experiencia, invitándoles a reflexionar sobre la dinámica de la interacción, la eficacia de los distintos estilos de comunicación y las estrategias para controlar la ira en situaciones similares.

Beneficios y resultados del aprendizaje

Los participantes pueden extraer valiosos conocimientos y aprender de las historias interactivas y los juegos de rol participando activamente en el contenido y reflexionando sobre sus propias experiencias y comportamientos.

Los participantes pueden relacionarse con los personajes de las historias o escenarios reconociendo emociones, situaciones o retos similares a los que se han enfrentado en sus propias vidas. Al empatizar con las experiencias de los personajes, los participantes pueden comprender mejor la complejidad de la ira y los problemas emocionales.

> "Participar en historias interactivas y escenarios de juegos de rol ofrece una vía dinámica para profundizar en la inteligencia emocional y cultivar habilidades eficaces de control de la ira. A través de narraciones relacionables y simulaciones auténticas, los participantes pueden explorar diversas perspectivas, practicar la toma de decisiones y fomentar la empatía, mejorando en última instancia la autoconciencia y las relaciones interpersonales."

Las historias interactivas suelen presentar a los personajes con opciones y describir las consecuencias de esas opciones. Los participantes pueden reflexionar sobre los resultados de las distintas decisiones tomadas por los personajes y considerar cómo estos resultados se relacionan con sus propios procesos de toma de decisiones en la vida real. Esta exploración fomenta la autorreflexión y la conciencia del impacto de las propias acciones en uno mismo y en los demás.

Fomenta la empatía y la toma de perspectiva: Las historias interactivas y los juegos de rol permiten a los participantes ponerse en el lugar de otros, fomentando la empatía y la comprensión de perspectivas diversas.

Fomenta el aprendizaje a través de la experiencia: Al participar activamente en escenarios simulados, las personas pueden practicar la aplicación de habilidades de inteligencia emocional en un entorno seguro y de apoyo, reforzando el aprendizaje a través de la experiencia.

Fomenta la resolución de problemas y la toma de decisiones: La participación en historias interactivas y juegos de rol incita a las personas a pensar de forma crítica, tomar decisiones con conocimiento de causa y considerar las consecuencias de sus actos, lo que mejora su capacidad para afrontar con eficacia los retos de la vida real.

Facilita la transferencia de habilidades: Los participantes pueden transferir a sus interacciones y relaciones cotidianas los conocimientos adquiridos en los ejercicios interactivos de narración de historias y representación de papeles, mejorando así su capacidad para controlar la ira y comunicarse de forma asertiva.

La incorporación de historias interactivas y juegos de rol en entornos educativos o terapéuticos proporciona una plataforma dinámica para explorar cuestiones emocionales complejas, desarrollar habilidades esenciales y fomentar el crecimiento y el desarrollo personales.

Principales conclusiones

- Comprender la empatía y la compasión es crucial para gestionar la ira con eficacia, ya que permite a las personas conectar con las emociones y perspectivas de los demás.

- Gestionar las expectativas implica fijar objetivos realistas y aprender a adaptarse a los retos imprevistos, lo que reduce la probabilidad de frustración y enfado.
- Desarrollar la autoconciencia y el autocontrol capacita a las personas para reconocer y regular sus emociones, lo que conduce a respuestas más constructivas ante las situaciones que provocan ira.

- Las historias interactivas y los juegos de rol ofrecen oportunidades de inmersión para practicar las habilidades de inteligencia emocional y explorar estrategias eficaces para gestionar la ira.

Resumen de medidas prácticas

- Practicar la escucha activa y la empatía tratando de comprender realmente los sentimientos y puntos de vista de los demás durante los conflictos o desacuerdos.
- Establezca expectativas realistas para sí mismo y para los demás, reconociendo las limitaciones y los posibles obstáculos y esforzándose al mismo tiempo por conseguir objetivos alcanzables.
- Cultivar el autoconocimiento mediante la reflexión regular y las prácticas de atención plena, como el diario o la meditación, para identificar los desencadenantes y los patrones de ira.
- Desarrolle el autocontrol poniendo en práctica técnicas de relajación, como la respiración profunda o la visualización, para calmar el cuerpo y la mente en los momentos de ira.
- Participe en una narración interactiva o en ejercicios de representación de papeles para perfeccionar sus habilidades de inteligencia emocional y experimentar con distintos enfoques para gestionar situaciones que provocan ira.

Al incorporar estos pasos prácticos a su vida diaria, puede mejorar su inteligencia emocional y cultivar respuestas más sanas ante la ira, fomentando en última instancia unas relaciones más armoniosas y un mayor bienestar.

Tras explorar los entresijos de la construcción de la inteligencia emocional en el Capítulo 5, ha llegado el momento de profundizar en los mecanismos y técnicas de afrontamiento en el Capítulo 6. En este próximo capítulo, descubriremos una plétora de estrategias diseñadas para ayudarte a navegar por las emociones desafiantes, incluida la ira, con gracia y resiliencia. Desde las prácticas de atención plena a las técnicas cognitivo-conductuales, descubrirás un conjunto de recursos que te capacitarán para gestionar tu bienestar emocional. Emprendamos juntos este viaje y descubramos los secretos para dominar el arte de afrontar las cosas.

CAPÍTULO 6

Mecanismos y técnicas de afrontamiento

Entre el estímulo y la respuesta hay un espacio. En ese espacio está nuestro poder de elegir nuestra respuesta. En nuestra respuesta reside nuestro crecimiento y nuestra libertad.

– Viktor E. Frankl

IMAGINA QUE TIENES EN TU MANO un mando a distancia que puede pausar, rebobinar o adelantar tus emociones a voluntad. ¿Y si le dijéramos que, aunque la vida no viene con un mando a distancia, usted posee el poder de controlar sus respuestas emocionales? Este capítulo es tu guía para desbloquear ese poder.

En este recorrido por el Capítulo 6: Mecanismos y técnicas de afrontamiento, exploraremos tres habilidades transformadoras:

- Busque técnicas que puedan hacer que su cuerpo pase instantáneamente de un estado de estrés a otro de calma, y descubra prácticas de atención plena que le permitan observar sus emociones sin dejarse arrastrar por ellas.
- Aprenda a expresar sus pensamientos y sentimientos de forma asertiva pero respetuosa, convirtiendo los posibles conflictos en oportunidades de entendimiento y conexión.

- Obtenga estrategias para reconocer cuándo las emociones están a punto de desbordarse y cómo hacer una pausa estratégica puede evitar una cascada de reacciones no deseadas.

Al final de este capítulo, estarás equipado con herramientas prácticas no sólo para gestionar tus emociones, sino para navegar por los altibajos de la vida con mayor facilidad y confianza. Y eso no puede ser mejor incentivo.

Ejercicios de respiración y atención plena

Cuando te invade la ira, sientes como si se desatara una tormenta en tu interior, ¿verdad? Todo se tensa, el corazón late más deprisa y los pensamientos pueden empezar a acelerarse. Es como estar en un pequeño barco en medio de una tempestad. Pero, ¿y si tuvieras el poder de calmar los mares? Ahí es donde entran en juego los ejercicios de respiración y la atención plena. Vamos a explicarlo.

Respiración Chill-Out

En primer lugar, hablemos de respirar hondo. Parece sencillo, ¿verdad? Pero cuando te pones colorado, respirar hondo es como darle al botón de pausa en una escena de película llena de rabia. He aquí cómo hacerlo:

Respiración profunda: No se trata del típico consejo de "respira hondo". Se trata de respirar tan hondo que sientas que se te va a reventar la barriga. Imagina que se te llena un globo en el estómago. Inhala lentamente por la nariz, aguanta la respiración un segundo y luego suéltala por la boca como si estuvieras soplando las velas de tu tarta de cumpleaños. Intenta hacer entre 4 y 6 respiraciones por minuto. No se trata de una carrera, sino de volver a tu zona de relajación.

Técnica 4-7-8: Es como un hechizo mágico para tu cuerpo. Inspira tranquilamente por la nariz durante 4 segundos, aguanta la respiración

7 segundos y expúlsala por la boca durante 8 segundos. Es como darle al botón de reinicio de tus emociones.

Atención plena: Su arma secreta

Ahora, la parte de la atención plena. La atención plena puede sonar un poco exagerada, como algo que sólo hacen las personas que escalan montañas y meditan durante horas. Pero en realidad es supersencilla y superpoderosa, sobre todo cuando estás a punto de perderla.

Sitúate en el Ahora: La próxima vez que estés echando humo, haz una pausa y fíjate en cinco cosas a tu alrededor. Puede ser el sonido de un ventilador, el color del cielo, la sensación de tus pies en el suelo... cualquier cosa. Esto te devuelve al presente y te aleja de lo que te está perturbando.

Detective de emociones: Conviértete en detective de tus propias emociones. Cuando estés enfadado, pregúntate: "¿Qué es lo que realmente me molesta?". ¿Es ese comentario que alguien hizo, o se trata realmente de estar cansado o estresado? Averiguar esto puede ser como encontrar el interruptor de apagado de tu enfado.

La atención plena es un potente antídoto contra la ira, ya que ofrece técnicas sencillas pero eficaces, como centrarse en el momento presente y observar la respiración, para recuperar la compostura y la paz interior.

Respiración consciente: Combina los dos primeros métodos centrando toda tu atención en la respiración. Siente cómo entra, llenándote de calma, y cómo sale, llevándose un poco de la ira con ella. Es como si respiraras la paz y espiraras la tormenta.

Y ahí lo tienes. La próxima vez que estés al borde de una crisis, recuerda estos trucos. Respira hondo, un poco de atención plena y ya lo tienes. Se trata de recuperar el control cuando tus emociones hacen todo lo posible por desbocarse. Inténtalo y verás cómo estos sencillos ajustes pueden marcar una gran diferencia.

¿Sabías que...?

Se calcula que el 30% de las personas buscan ayuda profesional por problemas relacionados con la ira.

Comunicación asertiva

Muy bien, vamos a adentrarnos en el arte de hablar sin estallar ni cerrarse en banda. ¿Conoces esos momentos en los que estás tan enfadado que quieres gritar o callarte? En realidad, hay un punto intermedio entre esos dos momentos, y se llama ser asertivo.18 Veamos cómo transmitir tu opinión sin empezar la Tercera Guerra Mundial ni convertirte en un felpudo.

Encontrar su punto óptimo de asertividad

Declaraciones: Este es tu billete de oro. En lugar de decir "¡Me haces enfadar tanto!" prueba con "Me siento molesto cuando pasa esto". Es como decir: "Oye, esto va sobre mí y mis sentimientos, no sobre culparte a ti". Así le quitas presión a la otra persona y es mucho más fácil mantener una conversación real.

Escuche: Los buenos conversadores son también grandes oyentes. Aunque creas que sabes lo que va a decir la otra persona, dale la palabra. Escuchar no consiste sólo en esperar a que te toque hablar, sino en escuchar de verdad. A veces, el mero hecho de sentirse escuchado puede rebajar mucho la tensión.

Mantén la calma: Es más fácil decirlo que hacerlo, ¿verdad? Pero la cuestión es la siguiente: en el momento en que pierdes los nervios, tu mensaje se pierde en la traducción. Si lo necesitas, respira hondo antes de entrar en la conversación. Mantener la calma demuestra que tienes el control y hace que la otra persona esté más dispuesta a escucharte.

Acepta el desacuerdo: A veces no vais a estar de acuerdo, y no pasa nada. Puedes acordar respetuosamente que no estás de acuerdo. Es como decir: "Entiendo tu punto de vista, pero este es el mío". Esto puede fortalecer las relaciones porque se basa en el respeto mutuo.

La práctica hace al maestro: Estas habilidades pueden resultar un poco incómodas al principio, como probarse un par de zapatos nuevos. Pero cuanto más practiques, más natural te resultará. Empieza por las cosas pequeñas y, poco a poco, te convertirás en un profesional de los asuntos importantes sin perder la calma ni la voz.

Aplicación en la vida real

Supongamos que tu amigo se niega a hacer planes en el último momento y eso te pone de los nervios. En lugar de enfadarte, podrías decirle: "Me siento muy decepcionado cuando no hacemos planes. Me hace sentir como si nuestro tiempo juntos no fuera importante para ti". Después, dales la oportunidad de explicarse. Quizá esté pasando por algo que tú desconocías. A partir de ahí, podéis buscar juntos una solución, como hacer planes más fáciles de cumplir.

Ser asertivo es como aprender un nuevo idioma: el idioma del respeto a uno mismo y a los demás. Se trata de transmitir tu opinión sin pasarte de la raya. ¿Y lo mejor de todo? De hecho, te permite establecer vínculos más profundos con las personas que te rodean porque procedes de un lugar de honestidad y respeto. Pruébalo. Te sorprenderá lo fluidas que pueden ser tus conversaciones.

Estrategias de tiempo muerto para un alivio inmediato

¿Te has sentido alguna vez como si tus emociones fueran un tren desbocado y tú sólo estuvieras en el viaje? En un momento estás bien y al siguiente estás a punto de quemar un fusible. Es entonces cuando sabes que necesitas un tiempo muerto, pero no el que te daban de niño, sino una versión adulta que te ayude a calmarte y a volver con más fuerza. He aquí cómo darle al botón de pausa a esas emociones salvajes antes de que se apoderen de ti.

Haz una pausa con estos consejos

Reconoce las señales: El primer paso es saber cuándo estás a punto de perder los nervios. Puede que se te acelere el corazón o que sientas que el calor te sube por el cuello. O puede que sientas el impulso de gritar o chillar. Cuando notes estas señales, debes dar un paso atrás.

Dilo en voz alta: Si estás con alguien y sientes que te acaloras, está totalmente bien decir: "Oye, necesito un minuto para calmarme". No se trata de huir del problema, sino de asegurarte de que no dices algo de lo que te arrepentirás.

Encuentra tu zona de relajación: Averigua qué te tranquiliza. ¿Escuchar música? ¿Dar un paseo? ¿Dibujar? Sea lo que sea, hazlo. Lo importante es que tu cerebro descanse de todo lo que te atormenta.

Establece un temporizador: Date un tiempo determinado para relajarte. Puede empezar con 10 minutos. Durante ese tiempo, haz todo lo posible por no pensar en lo que te hizo enfadar. Es como dar a tus emociones un tiempo de espera para que, cuando vuelvas, no estés tan cargado emocionalmente.

Pausa para respirar: Nunca subestimes el poder de la respiración. Prueba la técnica 4-7-8 de la que hablamos o respira profundamente. Es como pulsar el botón de reinicio de la respuesta natural de tu cuerpo al estrés.

Reflexiona, no rumies: Hay una delgada línea entre reflexionar sobre lo ocurrido y obsesionarse con ello. Utiliza el tiempo muerto para pensar cómo quieres responder, no para sumirte en la ira. Se trata de encontrar una solución, no de avivar el fuego.

Ponerlo en práctica

Supongamos que estás en medio de una acalorada discusión con un amigo y sientes que la ira está brotando. En lugar de dejar que hierva, dices: "Necesito unos minutos para calmarme". Sales, das un paseo y te concentras en tu respiración. Mientras caminas, empiezas a pensar por qué estás tan enfadado y cómo puedes explicar tus sentimientos sin culpar ni gritar.

Cuando vuelvas, estarás más tranquilo y preparado para mantener una conversación más productiva. No sólo habrás evitado que la situación empeore, sino que también habrás demostrado a tu amigo y a ti mismo que te comprometes a gestionar los conflictos con madurez.

Recuerda que tomarse un tiempo no es un signo de debilidad, sino una estrategia de fortaleza. Demuestra que controlas tus emociones, no al revés. Así que la próxima vez que sientas que sube la marea emocional, debes saber que no pasa nada por dar un paso atrás y reagruparte. Tu futuro yo (y probablemente todos los que te rodean) te lo agradecerá

Guías paso a paso y ejercicios

Muy bien, hagamos que esto sea tan práctico como unos vaqueros con bolsillos extra. Aquí tienes una guía práctica para dominar esas técnicas de las que acabamos de hablar, para que puedas mantener la calma y comunicarte como un profesional. ¿Listo para sumergirte? Vamos allá.

6.4 Guías paso a paso y ejercicios
Ejercicios de respiración y práctica de la atención plena

Ejercicio 1: Ejercicio de respiración 4-7-8

Paso 1: Busca un lugar tranquilo. Siéntate o túmbate cómodamente.
Paso 2: Cierre los ojos y respire normalmente.
Paso 3: Ahora, inhale tranquilamente por la nariz durante 4 segundos.
Paso 4: Mantén la respiración durante 7 segundos.
Paso 5: Exhale completamente por la boca, haciendo un sonido whoosh, durante 8 segundos.
Paso 6: Repite este ciclo cuatro veces.

Por qué funciona: Es como un calmante para tu sistema nervioso, que te ayuda a restablecerte y calmarte rápidamente.

Ejercicio 2: Observación consciente

Paso 1: Elige un objeto cercano (una planta, una taza, un lápiz).
Paso 2: Dedica unos minutos a examinarla. Observa sus colores, texturas y cómo le da la luz.
Paso 3: Si su mente se distrae, vuelva a centrar su atención en el objeto.

Por qué funciona: Entrena tu cerebro para que se centre en el presente, eliminando el ruido de tus emociones.

Habilidades de comunicación eficaz

Ejercicio 1: El guión "Yo siento

Paso 1: Piensa en una situación reciente en la que te hayas sentido incomprendido o molesto.

Paso 2: Escribe lo sucedido, centrándote en tus sentimientos. Utiliza "Siento [emoción] cuando [situación] porque [razón]".

Paso 3: Comparte este guión con un amigo o familiar, o practica diciéndolo en voz alta para ti mismo.

Por qué funciona: Te ayuda a expresar claramente tus sentimientos sin culpar a nadie, allanando el camino para conversaciones más sanas.

Ejercicio 2: Juego de rol de escucha activa

Paso 1: Forma pareja con un amigo o familiar.

Paso 2: Compartan por turnos una historia o hablen de su día durante 3 minutos.

Paso 3: El oyente debe centrarse por completo en el orador, asintiendo y respondiendo con preguntas o comentarios pertinentes.

Paso 4: Después de cada turno, discute cómo te sentiste al ser escuchado y al escuchar

Por qué funciona: Agudiza tu capacidad de escucha, un aspecto crucial de la comunicación eficaz.

Estrategias de tiempo muerto para un alivio inmediato

Ejercicio 1: Botón de pausa personal

Paso 1: Crea una lista de señales que muestren que te estás acalorando (puños cerrados, latidos rápidos del corazón).

Paso 2: Decide una acción de "botón de pausa" (respirar profundamente, contar hasta 10, salir al exterior).

Paso 3: La próxima vez que notes esas señales, pulsa el botón de pausa.

Por qué funciona: Te da una forma directa de interrumpir la escalada de emociones, dándote espacio para calmarte.

Ejercicio 2: Diario de emociones

Paso 1: Lleva contigo un pequeño cuaderno.

Paso 2: Cada vez que te tomes un tiempo muerto, anota lo que te ha provocado, cómo te has sentido y cómo has respondido.

Paso 3: Reflexiona sobre estas entradas una vez a la semana para ver patrones y progresos.

Por qué funciona: Aumenta tu autoconciencia, ayudándote a comprender y gestionar mejor tus desencadenantes.

Unirlo todo

Estos ejercicios no son sólo tareas; son herramientas de tu caja de herramientas emocional. Como cualquier otra habilidad, cuanto más practiques, mejor te irá. Así que no te estreses si al principio te sientes incómodo. Sigue practicando y pronto te darás cuenta de que manejas las emociones y las conversaciones con mucha más confianza y menos estrés. ¡A practicar!

Principales conclusiones del capítulo

- Los ejercicios de respiración y la atención plena pueden reducir drásticamente el estrés y ayudar a controlar la ira.
- La comunicación eficaz implica expresar tus sentimientos de forma asertiva, no agresiva, utilizando frases con "yo".
- Tomarse un tiempo cuando las emociones están a flor de piel permite responder en lugar de reaccionar.
- Practicar estas técnicas con regularidad puede mejorar tu inteligencia emocional y tus relaciones.

Resumen de medidas prácticas

- Practica la técnica 4-7-8 a diario para restablecer tu respuesta al estrés.
- Dedica 5 minutos a observar un objeto para conectarte con el presente.
- Escribe y practica cómo expresar tus sentimientos sin culpar a los demás.
- Participe en un juego de rol para mejorar su capacidad de escucha.

- Identifica tus desencadenantes emocionales y decide una acción de pausa.
- Lleve un registro de sus desencadenantes y respuestas para aumentar el conocimiento de sí mismo.

¿Listo para subir de nivel en tu juego de inteligencia emocional? En el próximo capítulo nos adentraremos en el mundo de las emociones. ¿Te has preguntado alguna vez por qué ciertas cosas te enfadan o te hacen muy feliz? Vamos a descubrir los misterios de nuestros desencadenantes emocionales, aprenderemos a establecer límites personales y exploraremos cómo comprender las emociones de los demás puede enriquecer nuestras vidas.

No te pierdas la oportunidad de dominar tu universo emocional. Es hora de pasar página y descubrir las claves para afrontar tus emociones y prosperar.

CAPÍTULO 7

Transformar la ira en energía positiva

Por cada minuto que permanezcas enfadado, renuncias a sesenta segundos de tranquilidad.

– Ralph Waldo Emerson

MANTENER LA INQUIETUD es como agarrar un carbón caliente con la intención de lanzárselo a otra persona. El resultado: tú eres el único que se quema. Esta sencilla sabiduría nos recuerda que la ira, aunque es una emoción natural, puede causarnos más daño a nosotros mismos que al blanco de nuestras frustraciones. Pero, ¿y si pudiéramos transformar esa intensa energía en algo positivo, en algo que nos cambiara la vida?

> Transformar la ira en energía positiva implica aprovechar su intensa fuerza y redirigirla hacia el crecimiento y la Realización.

En este capítulo, nos embarcaremos en un viaje transformador, convirtiendo la fuerza ardiente de la ira en un faro de creatividad, conexión y crecimiento. Exploraremos cómo canalizar tu ira hacia actividades creativas y apasionadas no sólo puede disipar las emociones negativas, sino también encender una chispa de innovación y alegría en tu vida. Nos sumergiremos en el gratificante mundo del voluntariado y el compromiso con la comunidad, mostrándole cómo echar una mano puede cambiar su enfoque y proporcionar un profundo sentido de propósito y realización. Por último, abordaremos proyectos de desarrollo personal, guiándote en el establecimiento y la consecución de objetivos que controlen tu ira y contribuyan a tu crecimiento personal y profesional. Prepárate para convertir el calor de tu ira en la luz de un cambio positivo.

¿Sabías que...?

La filosofía estoica es conocida por enseñar autoconciencia y autocontrol. La próxima vez que te enfades por las acciones de otra persona, piensa en el gran filósofo estoico Marco Aurelio, que dijo: "La mejor venganza es no ser como el que ha hecho la injuria".

Canalizar la ira para convertirla en creatividad y pasión

¿Te has dado cuenta de que algunos de los proyectos artísticos más intensos y apasionados o de los más innovadores surgen de una profunda emoción? Eso se debe a que emociones como la ira no son sólo un obstáculo, sino que pueden ser un combustible para la creatividad. En lugar de dejar que la ira te controle, canalízala hacia algo asombroso. A continuación te explicamos cómo hacerlo.

Convertir el calor en ritmo

Expresión artística: ¿Has oído hablar del "arte de la ira"? Es hora de crear algo. Coge un lienzo, pintura, arcilla o incluso tu vieja guitarra y vuelca toda esa energía intensa en la creación. No pienses en hacerlo perfecto; déjalo salir. Puede que acabes con algo crudo, real y convincente.

Escribirlo: ¿Enfadado? Bien. Vamos a escribir. Empieza un diario, escribe un poema o incluso una historia corta. Utiliza tus palabras para pintar un cuadro de lo que sientes. No se trata sólo de desahogarse, sino de transformar esas emociones ardientes en relatos que resuenen y conecten.

Proyectos de pasión: ¿Tienes una causa que te apasiona? Utiliza esa energía para impulsar un proyecto o una campaña. Ya se trate de activismo medioambiental, justicia social o cualquier otra cosa que te haga hervir la sangre, canalizar tu ira en acción puede conducir a un cambio significativo y al crecimiento personal.

Expresión física: A veces, sólo tienes que moverte. Baila, corre, practica artes marciales, cualquier cosa que te haga entrar en tu cuerpo y salir de tu cabeza. la cabeza. La actividad física puede convertir la adrenalina de la ira en energía productiva, dejándote más tranquilo y concentrado después.

Hacer el cambio: De la furia al combustible

Reconoce el fuego: En primer lugar, reconoce que sentirse enfadado está bien, es natural. Negarlo sólo le da más poder. Reconoce tu enfado y decide utilizarlo como catalizador de algo positivo.

Elige tu salida: Experimenta con diferentes salidas creativas para encontrar la que mejor te funciona. Puede que sea algo que no hayas probado nunca, así que muéstrate abierto a explorar.

Establezca una rutina: Acostúmbrate a canalizar tus emociones a través de la salida que elijas. La práctica regular no solo ayuda a controlar la ira, sino que también mejora tus habilidades en ese ámbito, ya sea el arte, la escritura o la abogacía.

Reflexiona sobre el proceso: Después de dedicar algún tiempo a tu actividad creativa, da un paso atrás y reflexiona. ¿Cómo te ha hecho sentir? ¿Te ha ayudado a ver tu enfado desde otra perspectiva? A menudo, el acto de crear ofrece nuevas perspectivas sobre nuestras emociones.

Resultados

Canalizar la ira hacia la creatividad y la pasión no sólo neutraliza una emoción negativa, sino que la transforma en algo que puede añadir significado, propósito y belleza a tu vida. Se trata de tomar algo que parece destructivo y convertirlo en una fuerza de creación. Así que la próxima vez que sientas esa oleada de rabia tan familiar, recuerda: dentro de ella hay energía potencial, esperando a ser liberada de las formas más bellas e impactantes.

La actividad física como válvula de escape de la ira

¿Conoces esa sensación cuando estás tan cabreado que podrías gritarle a una almohada o correr un maratón? Pues resulta que elegir el maratón (o cualquier actividad física) puede ser una de las mejores decisiones que puedes tomar para ti. Veamos por qué sudar es una forma fantástica de descargar tu ira.

La parte científica

Cuando uno está enfadado, el cuerpo se encuentra en un estado de excitación exacerbado; el ritmo cardíaco aumenta, los músculos se tensan y el cuerpo se prepara para la acción. Todo ello gracias a nuestra amiga la adrenalina. En la época de los cavernícolas, esto era muy útil para "luchar o huir". Pero en el mundo actual, donde las fuentes de nuestra ira tienen menos que ver con la supervivencia y más con, por ejemplo, frustrantes proyectos de grupo o atascos de tráfico, dar un puñetazo o salir corriendo no es exactamente la respuesta socialmente más aceptable.

Por qué la actividad física es buena para controlar la ira

Aunque hayamos evolucionado más allá de nuestros antepasados cavernícolas, la necesidad de adrenalina persiste en nuestra vida cotidiana para un funcionamiento óptimo. No obstante, es fundamental dar salida a la oleada de energía y adrenalina que desencadena la ira. La actividad física ofrece un medio eficaz para disipar esta energía en tiempo real, evitando que se redirija hacia salidas negativas como dar portazos o meterse en una pelea.[19] Sin embargo, éste es sólo uno de los beneficios que merece la pena explorar; hay más a continuación:

Quema vapores: La actividad física consume el exceso de energía que produce la ira. Después de una buena sesión de ejercicio, es probable que no sólo hayas quemado calorías, sino también gran parte de esa ira.

Refuerza el estado de ánimo: ¿Has oído hablar de las endorfinas? Son las hormonas del bienestar que se liberan al hacer ejercicio. Son los analgésicos y levantadores del ánimo de la naturaleza, capaces de darle la vuelta a un ceño fruncido.

Distracción: Practicar una actividad física puede distraerte de lo que te preocupa. Es difícil pensar en una discusión cuando estás concentrado en hacer una postura de yoga o en batir tu marca personal en la piscina.

Cambio de perspectiva: Después de hacer ejercicio, puede que te des cuenta de que miras la situación con otros ojos. Tal vez sean las endorfinas o la distancia física del problema, pero las cosas suelen parecer más manejables después del ejercicio.

Cómo combatir físicamente la ira

> As our reliance on technology grows, so does the potential for digital platforms to amplify emotions, including anger.

Deportes de equipo: No sólo consigues canalizar esa rabia en el juego, sino que el aspecto social también puede mejorar tu estado de ánimo.

Correr o montar en bicicleta: Son ideales para despejar la mente y, además, te distancian físicamente de los factores estresantes.

Yoga: Combina la actividad física con la atención plena, ayudándote a calmar cuerpo y mente.

Boxeo: Golpear un saco de boxeo puede ser increíblemente satisfactorio cuando estás enfadado, ya que proporciona una salida directa a esa energía ardiente.

La próxima vez que sientas que se te va la olla, plantéate ponerte las zapatillas o sacar la esterilla de yoga. No sólo estarás haciendo algo bueno para tu cuerpo, sino que también estarás dando un paso proactivo para controlar tu ira de forma saludable. Así que, ¿por qué no convertir esa rabia en una energía más positiva? Tu mente (y tal vez tu saco de boxeo) te lo agradecerán.

Voluntariado y compromiso comunitario

Imagina convertir el calor de tu ira en un cálido resplandor que ilumine la vida de otra persona. Suena increíble, ¿verdad? Eso es exactamente lo que puede hacer el voluntariado y la participación en la comunidad. Veamos por qué canalizar tu ira a través de actos de bondad y servicio es lo mejor para ti y para tu comunidad.

La ira puede ayudarnos a hacer del mundo un lugar más justo. Cuando la gente se enfada por el trato injusto que recibe por motivos raciales, este sentimiento puede empujarla a hacer algo bueno al respecto. Hay un tipo especial de rabia que es muy importante para luchar contra el racismo. No se trata de ser mezquino o de vengarse de alguien; se trata de querer hacer grandes cambios para que todo el mundo reciba un trato justo.

Este útil enfado se centra en acabar con el racismo y garantizar que todo el mundo tenga las mismas oportunidades y derechos. Hace que la gente hable y colabore para arreglar lo que está mal y acabar con las normas y comportamientos injustos.

> El voluntariado y el compromiso comunitario ofrecen vías para canalizar la frustración en acciones de impacto.

A veces, cuando las personas ven o se enfrentan al racismo, se enfadan de tal manera que les dan ganas de actuar. Esto es especialmente cierto para las personas que tienen que hacer frente a la injusticia en muchos aspectos de su vida, como las personas de color, las mujeres o las que no tienen mucho dinero.

Acciones como protestar o alzar la voz en la escuela o el trabajo son formas de utilizar la rabia de forma positiva. Intentan que todos sean conscientes del problema y colaboren para solucionarlo.

Las personas que quieren apoyar a otras en la lucha contra el racismo tienen que escuchar y ayudar a alzar las voces de quienes reciben un trato injusto. No sirve de nada que intenten hacer que todo gire en torno a su propio enfado. Deben utilizar su rabia para ayudar a hacer cambios y no sólo para presumir en Internet.

Si comprendemos y utilizamos nuestra ira de la forma adecuada, todos podemos contribuir a mejorar las cosas. Esto significa no sólo enfadarse, sino hacer algo al respecto, como participar en protestas o ayudar a otros a entender por qué el racismo es un gran problema que debe solucionarse.

El poder de la solidaridad

Cuando estás hirviendo de frustración o enfado, puede parecer contradictorio centrarse en ayudar a los demás. Pero eso es lo bonito: devolver algo tiene la capacidad de relativizar nuestros problemas, disipar nuestra ira y sustituirla por algo mucho más satisfactorio. El voluntariado funciona como válvula de escape de la ira de muchas maneras.

Cambia tu enfoque: desvía tu mente de lo que te preocupa y redirige tu energía hacia algo positivo y productivo.

Crea conexiones: La ira puede hacernos sentir aislados o incomprendidos. El voluntariado nos conecta con los demás, nos recuerda la experiencia humana compartida y la bondad de los extraños.

Aumenta la autoestima: Saber que has marcado una diferencia tangible en la vida de alguien te levanta el ánimo al instante. Es difícil estar enfadado cuando se tiene una sensación de propósito y logro.

Enseña gratitud: Comprometerse con quienes pueden ser menos afortunados o enfrentarse a sus propias luchas puede fomentar un sentimiento de gratitud por lo que tenemos, diluyendo los sentimientos de ira y resentimiento.

Cómo empezar

Encuentra tu causa: ¿Qué te apasiona? ¿Los animales, el medio ambiente, ayudar a los sin techo? Hay una causa para todo.

Empieza poco a poco: no tienes por qué comprometerte a fondo de inmediato. Busca oportunidades puntuales, como una jornada de limpieza comunitaria o ayudar en un evento local.

Trae a un amigo: ¿Te sientes nervioso o inseguro? Llévate a un amigo. Es más divertido y menos desalentador cuando no estás solo.

Reflexiona: Después del voluntariado, tómate un momento para reflexionar sobre la experiencia. ¿Cómo te hizo sentir? ¿Notaste un cambio en tu estado de ánimo o en tu perspectiva?

La próxima vez que la ira empiece a aflorar en tu interior, considera la posibilidad de salir de tu propio espacio mental y asumir un papel en el que puedas marcar la diferencia. Ya sea dando clases particulares a los niños, paseando a los perros de un refugio o plantando árboles, tus acciones pueden iluminar lugares oscuros, tanto en tu comunidad como en tu interior.

Al ofrecerte voluntario, no sólo disipas tu propia ira, sino que también difundes positividad, y en el mundo actual, eso es algo que a todos nos vendría bien un poco más. Así que, ¿por qué no transformar tu ardiente energía en una fuerza para el bien? Tu corazón, tu cabeza e incluso algunos nuevos amigos te lo agradecerán.

Proyectos de desarrollo personal

¿Has pensado alguna vez en canalizar tu ira hacia algo que sea sólo para ti? Algo que te ayude a calmarte y te deje un nuevo ¿una habilidad, una sensación de logro o incluso una mejor comprensión de quién eres? Los

> Los proyectos de desarrollo personal ofrecen una salida transformadora para canalizar la ira hacia la autosuperación y el crecimiento.

proyectos de desarrollo personal consisten en convertir esa agitación interior en un trampolín para el crecimiento. Averigüemos cómo hacer que tu enfado trabaje a tu favor, no en tu contra.

Convertir la ira en ambición

La ira, aunque a menudo se considera negativa, puede ser una poderosa motivación. Nos indica que algo no va bien y nos empuja al cambio. Al centrarte en proyectos de desarrollo personal, transformas esa energía inquieta en algo productivo, algo que construye en lugar de destruir.

Ideas de proyectos para empezar

Aprende algo nuevo: ¿Alguna vez has querido tocar la guitarra, codificar, hablar otro idioma o dominar el arte de la cocina? Esta es tu oportunidad. Elige algo que te entusiasme, te mantenga ocupado y te proporcione una salida satisfactoria para tu energía.

Objetivos físicos: Establecer metas físicas puede ser increíblemente gratificante. Ya sea correr una carrera de 5 km, dominar una postura de yoga o simplemente comprometerse a dar un paseo diario, la actividad física es una forma probada de reducir la ira y el estrés.

Expresiones creativas: Canaliza tus emociones a través del arte. Pintar, escribir, bailar o cualquier forma de expresión creativa puede ser terapéutico, ya que ayuda a procesar y expresar los sentimientos de forma constructiva.

Atención plena y meditación: Practicar la atención plena o la meditación puede cambiar las reglas del juego a la hora de controlar la ira. Empieza con unos minutos al día y explora diferentes técnicas para encontrar la que mejor te funciona.

Proyecto de voluntariado: Crea un proyecto personal de voluntariado. Identifica una necesidad en tu comunidad y diseña un plan para resolverla. Puede ser cualquier cosa, desde crear un huerto comunitario hasta organizar una limpieza local.

Cómo mantener el rumbo

Establezca objetivos claros: Define qué significa el éxito para tu proyecto. Tener objetivos claros y alcanzables te ayudará a mantener la motivación.

Registra tus progresos: Lleva un diario o registro de tus progresos. Ver lo lejos que has llegado puede ser un gran estímulo en los días de poca motivación.

Celebre los hitos: Fija hitos dentro de tu proyecto y celébralos cuando los alcances. Esto te mantiene motivado y te ayuda a asociar sentimientos positivos a tus esfuerzos.

Reflexionar sobre el viaje: Dedica regularmente un tiempo a reflexionar sobre el impacto del proyecto en tu control de la ira. ¿Le resulta más fácil controlar su ira? ¿Te sientes más realizado?

De la ira a los logros

Los proyectos de desarrollo personal ofrecen una forma única de aprovechar la energía de tu ira y dirigirla hacia algo positivo. No se trata sólo de distraerse, sino de transformarse. Al comprometerte con el crecimiento personal, no sólo controlas tu ira, sino que construyes una vida más rica y satisfactoria. ¿Qué proyecto vas a empezar hoy?

Principales conclusiones

- La ira puede ser un potente catalizador de la creatividad y la pasión, que le lleve a explorar y profundizar en sus intereses y talentos.
- La actividad física es una salida muy eficaz para liberar y controlar la ira, mejorando tanto la salud mental como la física.
- El voluntariado y el compromiso con la comunidad no sólo ayudan a canalizar positivamente la ira, sino que también conectan con los demás y fomentan un sentimiento de realización.

- Los proyectos de desarrollo personal ofrecen una forma constructiva de utilizar la ira para crecer, aprender y superarse.

Resumen de medidas prácticas

- Identifica una actividad o afición que te entusiasme y dedícale tiempo cada semana.
- Fíjate un objetivo de forma física, ya sea un paseo diario, unirte a un equipo deportivo o practicar yoga, y haz un seguimiento de tus progresos.
- Busca una organización local o una causa que te interese y comprométete a trabajar como voluntario un determinado número de horas al mes.
- Elija una habilidad o área de desarrollo personal, trace objetivos concretos y cree un calendario para alcanzarlos.

Al cerrar este capítulo sobre la transformación de la ira en energía positiva, te has equipado con poderosas herramientas para convertir los sentimientos de frustración e ira en fuerzas para el bien. Pero nuestro viaje no termina aquí.

En el próximo capítulo, exploraremos uno de los aspectos más desafiantes pero gratificantes del crecimiento personal. Aprende a liberarte del peso del resentimiento y la amargura que pueden frenarte, y descubre cómo el perdón puede abrir nuevos caminos hacia la paz y la felicidad.

CAPÍTULO 8

Gestión de la ira en la era digital

La tecnología es un siervo útil, pero un amo peligroso.
– Christian Lous Lange

EN UNA ÉPOCA en la que nuestras vidas están entrelazadas con los dispositivos digitales, navegar por las redes sociales y luchar contra la sobrecarga de la bandeja de entrada se ha convertido en algo tan rutinario como lavarse los dientes. Pero, ¿qué ocurre con nuestras emociones, en concreto con nuestra ira, en este mundo siempre conectado? Este capítulo profundiza en las raíces digitales de la ira moderna, ofreciendo ideas y soluciones para navegar por las tumultuosas aguas de las interacciones en línea sin hacer zozobrar nuestro bienestar emocional.

Desmenuzamos el dilema de la era digital, desde el impacto de los medios digitales en nuestra ira hasta la creación de hábitos digitales saludables, el aprovechamiento de la tecnología para el control de la ira e incluso la asunción de retos de desintoxicación digital. Es hora de recuperar la tranquilidad en la Era de la Información.

El impacto de los medios digitales en la ira

Navegar por el panorama digital puede ser como ir en una montaña rusa con las emociones a flor de piel. En un momento te ríes con un bonito vídeo de un gato y al siguiente echas humo por un comentario en las redes sociales. No te pasa sólo a ti, es un fenómeno generalizado. Analicemos cómo el consumo de medios digitales agita la olla de nuestra ira y por qué parece que nuestras emociones están a menudo a un clic de hervir.

El consumo de medios digitales puede desencadenar rápidamente respuestas emocionales

La amplificación algorítmica de la ira

Las plataformas digitales, especialmente las redes sociales, están diseñadas para captar y mantener nuestra atención. Utilizan algoritmos que dan prioridad a los contenidos susceptibles de suscitar reacciones fuertes -a menudo ira e indignación- porque, admitámoslo, las emociones intensas nos mantienen en movimiento. Esta exposición constante a contenidos provocativos puede hacer que nuestro estado emocional por defecto sea "irritado".

El efecto de las cámaras de eco

Los espacios en línea a menudo se convierten en cámaras de eco en las que estamos rodeados de voces que se hacen eco de nuestros propios pensamientos y creencias. Aunque esto puede ser reconfortante, también significa que estamos menos expuestos a puntos de vista diferentes, lo que nos hace más susceptibles a enfadarnos o ponernos a la defensiva cuando nos enfrentamos a opiniones contrarias. Es como si estuviéramos constantemente en una habitación donde todo el mundo está de acuerdo en que tenemos razón, hasta que alguien no la tiene. Como no estás acostumbrado a ver a alguien con opiniones contrarias, lo consideras una amenaza para tus creencias y te pones a la defensiva. Y ahí empieza tu camino de furia digital.

Deshumanización y anonimato

Las interacciones digitales carecen de los matices de la comunicación cara a cara: no hay lenguaje corporal, tono de voz ni respuesta inmediata. Esto puede llevar a la deshumanización, al olvidar que hay una persona real detrás de la pantalla. Además, el anonimato de Internet puede animar a la gente a decir cosas que nunca dirían en persona, lo que a menudo alimenta los conflictos y la ira.

Conectividad constante y sobrecarga

Estar siempre conectados significa que nos bombardean constantemente con información, mucha de ella negativa. Las noticias sobre catástrofes mundiales, conflictos políticos o incluso problemas locales pueden abrumarnos, contribuyendo a un estado de ira o ansiedad perpetuas. Es como si nuestros sistemas emocionales estuvieran constantemente sobrecargados, sin dejarnos tiempo para procesar o recuperarnos. Durante la pandemia de COVID-19, un estudio publicado en el International Journal of Public Health identificó la sobrecarga de comunicación como un factor predictivo de los síntomas depresivos. Esto sugiere que el aumento del uso de los medios sociales se correlaciona con el aumento de las emociones negativas, lo que puede conducir a sentimientos abrumadores.

Romper el ciclo

Comprender el impacto de los medios digitales en nuestras emociones es el primer paso para gestionar nuestra dieta digital de forma que nos sirva, en lugar de agitarnos. Se trata de ser conscientes de cómo nuestros hábitos en línea moldean nuestras emociones y tomar medidas activas para contrarrestar las influencias negativas.

La era digital ha transformado nuestra forma de experimentar y expresar la ira. Al reconocer los patrones de nuestras respuestas al consumo de medios digitales, podemos influir en nuestras emociones y empezar a recuperar el control, eligiendo cómo nos relacionamos con el mundo digital para favorecer nuestro bienestar emocional.

Hábitos digitales saludables para reducir la frustración

En la vasta extensión del mundo digital, es fácil caer en patrones que aumentan nuestros niveles de estrés sin darnos cuenta. Pero, con unos pocos ajustes y prácticas conscientes, podemos navegar por el espacio en línea de una manera que mantenga nuestra paz intacta. Veamos algunos hábitos digitales saludables que pueden ayudarnos a reducir la frustración y hacer que nuestras interacciones digitales sean más positivas.

Cura tu feed para ser positivo

Audite sus redes sociales: Echa un vistazo a tus redes sociales. ¿Te alegran ciertas cuentas o páginas, o te dejan agotado o molesto? Es hora de ser implacable con el botón de dejar de seguir. Da prioridad a los contenidos que te animen, te eduquen o te hagan realmente feliz.

Seguir voces diversas: Aunque es cómodo permanecer en nuestras cámaras de eco, seguir intencionadamente relatos con perspectivas diferentes puede ampliar nuestra comprensión y reducir la frustración nacida de la incomprensión o el miedo al "otro".

Establecer fronteras y límites

Límites de tiempo de pantalla: La mayoría de los dispositivos ofrecen ahora herramientas para controlar y limitar el tiempo de pantalla. Establecer límites diarios para aplicaciones específicas o para el tiempo total frente a la pantalla puede evitar el fenómeno del scroll infinito, dando a tu cerebro un descanso muy necesario.

Tiempos libres de tecnología: Establezca zonas o momentos libres de tecnología, como durante las comidas o una hora antes de acostarse, para desconectar y relacionarse con el mundo que le rodea. Esto puede mejorar tu estado de ánimo y la calidad del sueño, reduciendo la irritación.

Comprometerse a conciencia

Piensa antes de hacer clic: Antes de sumergirte en la sección de comentarios o compartir contenidos, tómate un momento para considerar su impacto. ¿Contribuye positivamente? ¿Podría malinterpretarse? A veces, la mejor acción es no hacer nada.

Haz una pausa antes de responder: Cuando algo te moleste en Internet, date un tiempo para calmarte antes de responder. Esta pausa puede marcar la diferencia entre un intercambio acalorado y una conversación constructiva.

Herramientas digitales para el bienestar

Utiliza las aplicaciones a tu favor: Existen innumerables aplicaciones diseñadas para fomentar la relajación, la atención plena y los hábitos positivos. Ya sean aplicaciones de meditación como Headspace o Calm, rastreadores de hábitos o diarios de estado de ánimo, la tecnología puede ser un poderoso aliado en la gestión de tu salud mental.

Desintoxicaciones digitales periódicas

Programe días de desintoxicación digital: Periódicamente, tómate un día entero o incluso un fin de semana sin dispositivos digitales. Utiliza este tiempo para reconectar con actividades offline que te gusten, ya sea pasar tiempo en la naturaleza, leer o dedicarte a aficiones que no impliquen una pantalla.

Sea intencionado con su consumo digital: En lugar de consumir sin pensar cualquier cosa que se te ponga por delante, sé selectivo con los contenidos que consumes. Elige calidad en lugar de cantidad y prefiere contenidos que aporten valor a tu vida.

Reflexione sobre sus hábitos digitales

Escribe un diario sobre tus experiencias: Lleva un registro de cómo determinados hábitos digitales afectan a tu estado de ánimo y a tus niveles de estrés. Reflexionar sobre ello puede ayudarte a identificar patrones y a tomar decisiones más informadas sobre tu consumo digital.

Desarrollar hábitos digitales saludables no consiste en demonizar la tecnología, sino en fomentar una relación con nuestros dispositivos y plataformas digitales que nos sirva, no que nos agote. Aplicando estas estrategias, podemos disfrutar de los beneficios de la era digital sin dejar que se apodere de nuestras emociones.

¿Sabías que...?

A menudo nos enfadamos simplemente porque tenemos hambre. El hambre que desencadena la ira está vinculada a bajadas de azúcar en sangre y a la liberación de hormonas del estrés, impulsadas por respuestas evolutivas que dan prioridad a la búsqueda de alimentos. Esto puede perjudicar la regulación emocional y amplificar la irritabilidad, afectando al estado de ánimo y al comportamiento.

Tecnología para controlar la ira

En una época en la que la tecnología suele tener mala fama por exacerbar nuestro estrés y nuestra ira, es refrescante dar la vuelta al guión y explorar cómo esa misma tecnología puede ser una poderosa aliada en la gestión de esas emociones. Veamos cómo podemos aprovechar la tecnología para controlar nuestro temperamento y mantener la calma.

Aplicaciones y plataformas en línea para controlar la ira

Aplicaciones de meditación y atención plena: Herramientas como Headspace, Calm e Insight Timer ofrecen meditaciones guiadas diseñadas específicamente para ayudar a controlar la ira. Estas aplicaciones pueden enseñarte técnicas de atención plena para mantenerte presente y reducir la intensidad de tus emociones.

Aplicaciones de seguimiento del estado de ánimo: Aplicaciones como Daylio, Moodpath o Sanvello te permiten hacer un seguimiento de tus estados de ánimo y actividades, ayudándote a identificar los desencadenantes que te llevan a la ira. Al comprender los patrones de tus respuestas emocionales, puedes gestionar mejor las situaciones que pueden desencadenarte.

Aplicaciones de terapia cognitivo-conductual (TCC): Plataformas como MoodKit y Woebot utilizan los principios de la TCC para ayudarte a desafiar y cambiar los patrones de pensamiento negativos que contribuyen a la ira. Ofrecen ejercicios prácticos y estrategias de afrontamiento que puedes aplicar en situaciones cotidianas.

Realidad virtual (RV) para la regulación emocional: La tecnología emergente de RV se está utilizando para crear entornos inmersivos en los que en los que las personas pueden practicar técnicas de relajación en un entorno controlado y aprender a gestionar sus respuestas. Este enfoque ofrece un espacio seguro para practicar nuevas habilidades sin consecuencias del mundo real.

Recursos de aprendizaje en línea

Cursos de control de la ira: Sitios web como Coursera, Udemy y Khan Academy ofrecen cursos y talleres sobre control de la ira, inteligencia emocional y habilidades de comunicación. Estas plataformas proporcionan acceso a conocimientos de expertos que pueden ayudarte a entender y gestionar tu ira de forma más eficaz. 24

Podcasts y canales de YouTube: Existe una gran cantidad de contenidos gratuitos para educar sobre el bienestar emocional y el control de la ira. Escuchar a expertos y las experiencias de otros puede ofrecer nuevas perspectivas y estrategias de afrontamiento. Sin embargo, hay que tener cuidado con los falsos gurús o las personas que extorsionan mientras prometen una vida de serenidad.

Aprovechar positivamente las redes sociales

Siga a los defensores de la salud mental: Las redes sociales, si se gestionan con cuidado, pueden ser una fuente de apoyo e inspiración. Seguir a psicólogos, terapeutas y defensores de la salud mental puede proporcionar consejos y recordatorios diarios para controlar la ira y el estrés.

Únete a comunidades de apoyo: Los foros en línea y los grupos en las redes sociales pueden ofrecer un sentimiento de comunidad y comprensión. Compartir experiencias y estrategias de afrontamiento con otras personas que se enfrentan a problemas similares puede ser increíblemente validador y útil.

Desintoxicación digital para el equilibrio emocional

Aplicaciones de desintoxicación digital: Irónicamente, existen aplicaciones diseñadas para ayudarte a pasar menos tiempo en el teléfono o en Internet. Herramientas como Forest, Freedom y Offtime te ayudan a limitar el tiempo que pasas frente a una pantalla, para que puedas tomarte descansos del mundo digital, reduciendo el estrés y los posibles desencadenantes de la ira.

Aprovechar la tecnología para controlar la ira consiste en ser intencionados con el uso que hacemos de las herramientas digitales. Seleccionando aplicaciones y recursos que apoyen nuestro bienestar emocional, podemos transformar nuestra relación con la tecnología en una que nos permita llevar una vida más equilibrada y pacífica.

Planes de desintoxicación digital

En un mundo en el que nuestras vidas están cada vez más entrelazadas con los dispositivos digitales, la idea de una desintoxicación digital se ha vuelto más atractiva y necesaria. Desconectarse de los estímulos digitales puede reducir significativamente el estrés y la ira inducidos por la tecnología, ofreciendo un respiro muy necesario para nuestros cerebros. A continuación te explicamos cómo embarcarte en un viaje de desintoxicación digital, con planes y retos diseñados para restablecer tus hábitos digitales y recuperar el equilibrio emocional.

Plan digital de desintoxicación

Duración: Un fin de semana (sábado y domingo)
Reglas:
Sin redes sociales: Desconéctate de todas las cuentas de redes sociales. Si es necesario, borra las apps temporalmente para evitar tentaciones.
Limita el tiempo de pantalla: Utiliza tu dispositivo sólo para tareas esenciales como llamadas, mensajes de texto y aplicaciones necesarias (por ejemplo, navegación o música).
Nada de entretenimiento digital: Cambia las formas digitales de entretenimiento por actividades offline. Lee un libro, sal de excursión o prueba un nuevo pasatiempo.
Uso consciente de la tecnología: Cuando utilices la tecnología, hazlo de forma intencionada y estando plenamente presente. Escucha un álbum de música de principio a fin o llama a un amigo para mantener una conversación significativa.
Reto: Pasar al menos 3 horas en la naturaleza durante el fin de semana sin ningún dispositivo digital.

Plan de desintoxicación digital intermedio

Duración: Una semana
Preparación:
Notifícalo a tus contactos más cercanos: Informe a sus amigos, familiares y compañeros de trabajo de su plan de desintoxicación. Esto reducirá la ansiedad por perderse algo o estar ilocalizable.
Establece un autocontestador: Si procede, configura una respuesta automática de correo electrónico que indique que estás en una desintoxicación digital y cuándo volverás a estar en línea.
Reglas:

Establece zonas libres de tecnología: Haz que tu dormitorio y tu comedor sean zonas libres de tecnología. Carga los dispositivos en otra habitación.
Revisiones programadas: Dedica dos periodos de 30 minutos al día a revisar el correo electrónico y los mensajes.
Descanso nocturno: Nada de pantallas al menos una hora antes de acostarse para mejorar la calidad del sueño.
Realiza actividad física: Sustituye parte de tu tiempo habitual frente a la pantalla por actividad física. Intenta hacer al menos 30 minutos de ejercicio al día.
Desafío: Completa un proyecto o actividad que hayas estado posponiendo por falta de tiempo.

Reto de desintoxicación digital avanzada

Duración: Un mes
Preparación:
Limpieza del desorden digital: Cancela la suscripción a correos electrónicos innecesarios, deja de seguir cuentas que no aporten valor y elimina las aplicaciones que no utilices.
Establezca objetivos claros: Identifique lo que quiere conseguir durante esta desintoxicación. ¿Más tiempo con la familia? ¿Empezar un nuevo proyecto? ¿Leer más libros?
Reglas:
Límites estrictos de tiempo frente a la pantalla: Utiliza herramientas de bienestar digital para establecer límites diarios estrictos para tu uso.
Sustituya los hábitos digitales: Identifique los momentos en los que es más probable que se desplace sin pensar o consuma contenidos digitales y planifique actividades alternativas.

Principales conclusiones

- Los medios digitales, aunque son una parte importante de la vida moderna, pueden exacerbar el estrés y la ira a través de la conectividad constante y la exposición a contenidos negativos.
- Desarrollar hábitos digitales saludables, como seleccionar contenidos positivos, establecer límites de tiempo frente a la pantalla y realizar desintoxicaciones digitales, puede mitigar estos efectos.

- La tecnología también ofrece herramientas para gestionar la ira, desde aplicaciones de mindfulness a recursos en línea, convirtiendo posibles fuentes de estrés en aliados para el bienestar emocional.
- Las desintoxicaciones digitales periódicas suponen un valioso reajuste de nuestra relación con la tecnología, reducen el estrés inducido por ella y fomentan las conexiones y actividades en el mundo real.

Resumen de medidas prácticas

- **Cuide su entorno digital:** Revisa y ajusta periódicamente tus contenidos en las redes sociales para asegurarte de que contribuyen positivamente a tu día a día.
- **Poner límites al tiempo frente a la pantalla:** Utiliza las herramientas integradas de bienestar digital para establecer y respetar límites diarios de tiempo frente a la pantalla.
- **Realice desintoxicaciones digitales periódicas:** Programa desintoxicaciones digitales periódicas, desde unas horas hasta un fin de semana completo, para desconectar y recargar pilas.
- **Aprovecha las aplicaciones para la salud mental:** Explora y utiliza aplicaciones diseñadas para la atención plena, el seguimiento del estado de ánimo y la gestión del estrés.
- **Consumo consciente:** Piensa cuándo y por qué te relacionas con los medios digitales, eligiendo calidad en lugar de cantidad.

El siguiente capítulo abarca el complejo mundo de las conexiones interpersonales. Descubre cómo aplicar la inteligencia emocional para fomentar la comprensión, la empatía y la resiliencia en tus relaciones. Desde descodificar las señales emocionales hasta gestionar los conflictos de forma constructiva, estamos sentando las bases para unas interacciones más sanas y satisfactorias.

CAPÍTULO 9

Búsqueda de apoyo y ayuda profesional

El mayor descubrimiento de cualquier generación es que un ser humano puede alterar su vida modificando su actitud.

– William James

¿QUÉ PASARÍA SI LA clave para controlar la ira no residiera en reprimirla, sino en comprenderla y canalizarla con ayuda profesional? En un mundo en el que la salud mental está recibiendo una atención muy necesaria, buscar apoyo y ayuda profesional para controlar la ira no es sólo un signo de fortaleza, sino un paso hacia un profundo crecimiento personal.

Este capítulo es una guía a través del panorama de la ayuda profesional para el control de la ira. Desde saber cuándo es el momento de buscar ayuda, hasta el papel transformador de la terapia, el apoyo de los compañeros y un conjunto de recursos y contactos, navegamos por el camino hacia una persona más tranquila y centrada.

Buscar ayuda profesional para controlar la ira no sólo es un signo de fortaleza, sino también un paso fundamental hacia el crecimiento personal y el bienestar emocional.

Cuándo buscar ayuda para los problemas de ira

Reconocer cuándo hay que buscar ayuda para los problemas de ira es crucial para mejorar la salud emocional y las relaciones. La ira, en sí misma, es una emoción normal y sana. Sin embargo, cuando se descontrola, se vuelve destructiva o repercute negativamente en tu vida y en la de los que te rodean, es hora de plantearse buscar ayuda profesional. He aquí algunas señales claras que indican que puede haber llegado el momento de buscar ayuda:

1. Estallidos frecuentes

Si con frecuencia pierde los nervios por pequeños inconvenientes o irritaciones cotidianas, es señal de que su ira no está bajo control. Los arrebatos frecuentes pueden tensar las relaciones y crear un ciclo de arrepentimiento y frustración.

2. Síntomas físicos

Cuando estás realmente enfadado o frustrado por algo, no es sólo algo que sientas dentro de tu cabeza. Este enfado puede manifestarse en tu cuerpo de distintas maneras. Por ejemplo, puede que empieces a tener dolores de cabeza con frecuencia o que te duela el estómago. A algunas personas les cuesta dormir o se sienten más preocupadas y ansiosas de lo normal.

Digamos que cada vez que tienes que trabajar en un gran proyecto con un equipo, empiezas a sentirte súper estresado y enfadado porque acabas haciendo tú la mayor parte del trabajo. Puede que notes que durante esos momentos también empiezas a tener problemas para dormir, te duele mucho la cabeza o tienes molestias estomacales. Estos problemas físicos son la forma que tiene tu cuerpo de decirte que algo va mal.

En este caso, los síntomas físicos están ligados a tus sentimientos de ira y frustración por la injusta carga de trabajo. Tu cuerpo está reaccionando a estas emociones. Para sentirte mejor, es importante abordar la razón por la que estás tan enfadado. Hablar con tu equipo sobre un reparto más equitativo del trabajo podría ayudarte a aliviar tanto tu enfado como los síntomas físicos que lo acompañan.

3. Impacto en las relaciones

Cuando la ira provoca discusiones frecuentes, resentimiento o incluso miedo entre familiares, amigos o compañeros de trabajo, es un indicador importante de que una orientación profesional podría ayudar. Las relaciones sanas no deben ponerse en peligro constantemente por una ira no controlada.

4. Acciones arrepentidas

Si a menudo te arrepientes de cosas que has dicho o hecho con rabia, o si tus reacciones te sorprenden o te asustan, son señales claras de que la rabia te está controlando a ti, y no al revés.

5. Dependencia de sustancias

Recurrir al alcohol, las drogas u otras sustancias para "calmarse" o controlar el estado de ánimo tras un arrebato de ira es una señal de alarma. Esto puede indicar un mecanismo de afrontamiento poco saludable para lidiar con el estrés emocional.

6. Comentarios de los demás

A veces, son quienes nos rodean los primeros en darse cuenta de que necesitamos ayuda. Si alguien en quien confías te sugiere que podrías beneficiarte del control de la ira o de la terapia, considera seriamente su punto de vista.

7. Problemas legales o laborales

Enfrentarse a problemas legales, como la orden judicial de asistir a clases de control de la ira, o sufrir medidas disciplinarias en el trabajo debido a la ira, son claros indicios de que se necesita ayuda profesional.

8. Sentirse fuera de control

La sensación de impotencia o de estar fuera de control cuando te enfadas, como si te observaras desde fuera, sugiere que tu ira es más intensa de lo que normalmente puedes controlar por ti mismo.

9. Deseo de cambio

En última instancia, reconocer que quieres cambiar tu relación con la ira y no saber cómo empezar es motivo suficiente para buscar ayuda profesional.

10. Dar el paso

Reconocer que podrías necesitar ayuda para controlar tu ira es un primer paso valiente y significativo hacia la curación. Los terapeutas o asesores profesionales pueden proporcionarle las herramientas y estrategias necesarias para comprender y controlar eficazmente su ira, lo que le conducirá a una vida más sana y equilibrada. Recuerda que buscar ayuda es un signo de fortaleza, no de debilidad.

¿Sabías que...?

La ira es una emoción secundaria. Siempre le sucede otro estado emocional. Puede estar provocada por la culpa, el estrés, un trauma o cualquier otro problema de salud mental subyacente. Por este motivo, la terapia y el asesoramiento profesionales son de gran ayuda para controlar la ira, ya que abordan la raíz del problema.

El papel del asesoramiento y la terapia

El papel de la terapia no consiste sólo en sofocar las llamas de la ira, sino en comprender sus orígenes, descubrir formas más sanas de expresar las emociones y cambiar fundamentalmente la forma en que interactuamos con nosotros mismos y con los demás. Exploremos los innumerables beneficios de la terapia y el asesoramiento para controlar la ira:

Comprender las raíces de la ira

La terapia proporciona un entorno seguro y confidencial en el que puedes profundizar en las causas subyacentes de tu ira. Tanto si procede conflictos no resueltos, el estrés o la ansiedad, comprender la causa la causa raíz es el primer paso hacia una gestión eficaz. Imagina que siempre has sido rápido y no sabes muy bien por qué. Cosas sencillas te enfurecen, como que alguien alguien se cuela en la cola o un amigo llega tarde. Entonces decides hablar con un terapeuta porque porque quieres entender lo que y cómo manejarlo mejor. En terapia, tienes un espacio tranquilo y privado para profundizar realmente en tus sentimientos.

Empiezas a hablar de tu vida y pronto te das cuenta de que tu ira puede provenir de algo que te ocurrió cuando eras más joven. Quizá te sentías ignorado o como si tuvieras que ser perfecto todo el tiempo para llamar la atención. O quizá hubo un momento en que te sentiste muy defraudado o asustado, y nunca hablaste de ello ni lo afrontaste.

Al hablar de estas experiencias pasadas, empiezas a ver cómo han sido como cuerdas invisibles, tirando de tus emociones y haciéndote reaccionar con ira en situaciones que te recuerdan, aunque sea un poco, esos viejos sentimientos de ser ignorado o estar asustado. Comprender esta conexión no lo arregla todo de inmediato, pero es como encender una luz en una habitación oscura. De repente, ves por qué te has chocado con las cosas. Con la ayuda del terapeuta, empiezas a aprender nuevas formas de afrontar situaciones que antes te sacaban de quicio. Aprendes a hacer una pausa, a pensar por qué estás realmente enfadado y a responder de un modo que te siente mejor a ti y a los que te rodean.

Aprender a expresarse sanamente

Cuando te enfrentas a la ira, es crucial que encuentres formas de dejarla salir sin herirte a ti mismo ni a las personas que te rodean. Ahí es donde el asesoramiento es útil. Es como una clase en la que aprendes las mejores formas de afrontar tus sentimientos.

Descubrir formas sanas de expresarte puede conducir a interacciones más significativas y a un mayor bienestar emocional.

Una lección importante es la de ser asertivo. Esto significa que aprendes a decir lo que piensas y defenderte, pero respetando a los demás. respetuosa con los demás. Se trata de ser claro y directo sin ser mezquino ni agresivo. Otra cosa en la que trabajarás es en averiguar cómo resolver los problemas sin empeorar la situación. Esto puede significar aprender a hablar las cosas y encontrar soluciones que funcionen para todos, en lugar de dejar que un desacuerdo se convierta en una gran pelea

También aprenderás a mantener la calma. Esto incluye estrategias como respirar hondo cuando estás enfadado, alejarte de una situación hasta que te sientas más tranquilo y pensar las cosas antes de reaccionar. Aprender estas habilidades te ayudará a evitar que la ira se te vaya de las manos y te lleve a cometer actos de los que luego podrías arrepentirte.

Además, no se trata sólo de evitar malos resultados; se trata de construir relaciones mejores y más sólidas con las personas de tu vida y de sentirte más en control y en paz contigo mismo.

Mejorar el autoconocimiento

A través de la terapia, las personas adquieren una mayor conciencia de sus desencadenantes emocionales y de los signos físicos y emocionales de que la ira está aumentando. Esta toma de conciencia permite la aplicación temprana de estrategias de afrontamiento antes de que las emociones se vuelvan abrumadoras.

Te das cuenta de que cada vez que alguien te interrumpe mientras hablas, te enfadas mucho. En terapia, empiezas a prestar atención a cómo esto hace que se te acelere el corazón y se te aprieten las manos. Te das cuenta de que es la forma que tiene tu cuerpo de decirte que te estás enfadando. Ahora que lo sabes, en cuanto alguien te corta el paso y sientes esa aceleración, te acuerdas de respirar hondo y contar hasta diez antes de responder. De este modo, detectas tu enfado a tiempo y lo afrontas con calma, en lugar de dejarlo explotar.

Reducir el impacto físico y emocional

La ira crónica puede tener importantes consecuencias físicas y emocionales, como un mayor riesgo de enfermedades cardiacas, depresión y ansiedad. La terapia puede reducir estos riesgos ayudando a las personas a controlar su ira de forma más eficaz, lo que conduce a una vida más sana y equilibrada.

Supongamos que solías enfadarte mucho, y te dabas cuenta de que eso te hacía sentir cansado todo el tiempo, y a menudo estabas triste o preocupado. Después de un tiempo en terapia, aprendes a manejar las cosas que solían enfadarte hablando de tus sentimientos o dando un paseo para calmarte. A medida que mejoras en el manejo de tu ira, empiezas a sentirte con más energía y más feliz. Tus preocupaciones ya no te pesan tanto. Esto demuestra que controlar tu ira no sólo te hace sentir mejor mentalmente, sino que también puede mejorar tu salud en general.

Mejorar las relaciones

La ira puede tensar las relaciones, causando daños que pueden parecer irreparables. El asesoramiento ofrece estrategias para reparar y fortalecer las relaciones mejorando la comunicación, la empatía y la comprensión. Enseña a manejar los desacuerdos de forma sana, fomentando relaciones más estrechas y satisfactorias.

Imagínatelo: Tu mejor amigo y tú discutís por algo sin importancia, como quién se olvidó de pagar la comida la última vez. La discusión se convierte en un griterío que os deja a los dos enfadados y sin hablar. En terapia, aprendes a hablar sin enfadarte. La próxima vez que surja un desacuerdo, recuerda escuchar primero e intentar ver las cosas desde el punto de vista de tu amigo. Explica con calma cómo te sientes y entiende también su punto de vista. De este modo, ambos os sentís escuchados y comprendidos. No sólo se resuelve el problema sin herir sentimientos, sino que además vuestra amistad se fortalece porque os habéis demostrado mutuamente respeto y empatía.

Prevención de la escalada

Uno de los principales beneficios de la terapia es aprender a evitar que aumente la ira. Esto incluye reconocer los primeros signos de frustración y aplicar técnicas para calmarte, como los tiempos muertos, la respiración profunda o la actividad física.

Imagina que te encuentras en una situación que normalmente te hace explotar, como estar atrapado en un atasco cuando ya llegas tarde. Empiezas a sentir ese familiar fastidio burbujeando. Pero entonces recuerdas lo que aprendiste en terapia sobre cómo controlar la ira antes de que estalle. Respiras hondo, pones música y te recuerdas a ti mismo que enfadarte no va a despejar el tráfico. Puede que incluso te detengas para estirar las piernas o hacer algunos ejercicios rápidos junto al coche. Estas acciones te ayudan a calmarte y a evitar que la situación saque lo mejor de ti. En lugar de llegar a tu destino echando humo y estresado, consigues mantener la calma y la serenidad.

Crecimiento personal

La terapia para el control de la ira no se limita a controlar el temperamento. Es un camino hacia el crecimiento personal, que ofrece una visión de los patrones emocionales y de cómo afectan a nuestras vidas. Este viaje puede conducir a mejoras significativas en el bienestar general y la satisfacción vital.

Piensa en la terapia no sólo como una forma de controlar tu temperamento, sino como un viaje que te ayuda a crecer como persona. Es como conseguir un mapa que te muestre cómo tus sentimientos moldean tus acciones e influyen en tu vida. Este viaje puede hacerte más feliz y más satisfecho con la vida porque te entiendes mejor a ti mismo y sabes cómo manejar tus emociones.

Estrategias a medida

El asesoramiento proporciona estrategias personalizadas que se adaptan a las necesidades y circunstancias vitales específicas de cada persona. Lo que funciona para una persona puede no funcionar para otra, y los terapeutas pueden ayudar a identificar los métodos más eficaces para cada individuo.

Cuando vas a terapia, recibes consejos a tu medida. Es como tener un plan a medida para manejar la ira, porque lo que ayuda a una persona a mantener la calma puede no funcionar para otra. El terapeuta trabaja contigo para encontrar la mejor manera de afrontar las situaciones difíciles, basándose en lo que estás viviendo.

Apoyo y responsabilidad

Los terapeutas proporcionan un entorno de apoyo que fomenta el progreso al tiempo que responsabiliza a las personas de sus acciones y su crecimiento. Esta combinación de apoyo y responsabilidad es crucial para lograr cambios duraderos.

Tu terapeuta es como un entrenador que te anima, pero también como un preparador físico que se asegura de que te ciñas a tus objetivos. Está ahí para celebrar tus victorias y ayudarte a aprender de los momentos difíciles, asegurándose de que siempre avanzas. Esta mezcla de ánimos y suaves empujones es lo que te ayuda a hacer cambios reales y duraderos.

Capacitación

En última instancia, la terapia capacita a las personas para tomar el control de su ira y de sus vidas. Proporciona las herramientas y la confianza necesarias para afrontar los retos de una forma más sana y constructiva.

Asistir a terapia o asesoramiento para el control de la ira es una inversión en su salud emocional y física, sus relaciones y su futuro. Se trata de construir una vida donde la ira ya no controla sus acciones o dicta la calidad de sus interacciones con el mundo.

Al fin y al cabo, la terapia te da el poder sobre tu ira y tu vida. Es como si te dieran el volante y la hoja de ruta, para que puedas conducir a través de los retos sin perderte en la ira. Con las herramientas adecuadas y confianza en ti mismo, estarás preparado para afrontar lo que se te presente de forma tranquila y positiva.

Acudir a terapia para el control de la ira es algo más que aprender a calmarse: es invertir en una persona más feliz y sana. Se trata de construir una vida en la que la ira no imponga las reglas, permitiéndote disfrutar de una mejor salud, relaciones más sólidas y un futuro más brillante.

Grupos de apoyo y ayuda mutua

Los grupos de apoyo y la ayuda entre iguales desempeñan un papel crucial en el camino hacia la gestión eficaz de la ira. Estas plataformas ofrecen una forma única de apoyo que complementa la terapia individual, proporcionando una comunidad en la que se comparten abiertamente experiencias, luchas y éxitos. Veamos por qué los grupos de apoyo y la ayuda entre iguales son tan valiosos para quienes se enfrentan a problemas de ira.

Experiencias compartidas

Uno de los aspectos más poderosos de los grupos de apoyo es darse cuenta de que uno no está solo en su lucha. Escuchar a otras personas compartir sentimientos, retos y triunfos similares puede ser increíblemente reconfortante. Esta experiencia compartida fomenta un sentimiento de pertenencia y comunidad.

> Los grupos de apoyo y la ayuda entre iguales ofrecen una compañía y una comprensión inestimables en el camino hacia el control de la ira, proporcionando un espacio seguro para compartir experiencias y recibir apoyo comunitario.

Perspectivas diversas

En un grupo de apoyo, los miembros proceden de distintos entornos y tienen historias de vida diferentes, aunque comparten un objetivo común. Esta diversidad ofrece una gran variedad de perspectivas y estrategias para gestionar la ira, lo que proporciona a los miembros un conjunto más amplio de mecanismos de afrontamiento.

Espacio seguro y sin prejuicios

Los grupos de apoyo proporcionan un entorno seguro, confidencial y sin prejuicios en el que las personas pueden expresar sus sentimientos y experiencias sin temor a las críticas. Esta apertura fomenta la honestidad y la vulnerabilidad, que son claves para el crecimiento personal y la comprensión.

Aprender de los demás

Ser testigo de cómo otros afrontan sus problemas de ira puede ser una experiencia educativa y esclarecedora. Los miembros pueden aprender de los éxitos y los fracasos de los demás y comprender lo que puede o no funcionarles en su propio camino.

Animación y motivación entre iguales

El aliento y la motivación de los compañeros que comprenden los retos de controlar la ira pueden ser un poderoso motivador. Celebrar los progresos de los demás, por pequeños que sean, puede levantar la moral y fomentar la perseverancia, especialmente en los momentos difíciles.

Rendición de cuentas

Formar parte de un grupo proporciona un nivel de responsabilidad que puede ser motivador. Saber que los demás están al tanto de tus objetivos y progresos puede impulsarte a mantener tu compromiso con el control de la ira.

Asistencia rentable

Aunque la terapia individual puede ser esencial para controlar la ira, también puede resultar costosa. Los grupos de apoyo suelen ofrecer una forma más asequible de recibir ayuda, lo que los hace accesibles a un mayor número de personas.

Desarrollar habilidades de afrontamiento

A través de debates y puestas en común, los miembros de los grupos de apoyo pueden aprender habilidades y estrategias eficaces para afrontar los desencadenantes y las situaciones estresantes. Estos consejos prácticos se basan en experiencias de la vida real, por lo que son muy pertinentes y aplicables.

Potenciar la inteligencia emocional

Participar en grupos de apoyo puede mejorar la inteligencia emocional al aumentar la empatía, mejorar las habilidades de comunicación y fomentar mejores relaciones. Aprender a comprender y responder a las emociones de los demás puede, a su vez, ofrecer una visión más profunda de los propios patrones emocionales.

Equip yourself with the right tools and mindset to navigate future challenges with grace and resilience, ensuring continued progress in managing anger effectively.

Apoyo continuo

Por último, los grupos de apoyo proporcionan una fuente continua de apoyo. A diferencia de la terapia, que puede tener un número determinado de sesiones, los grupos de apoyo pueden ofrecer compañía a largo plazo en el camino hacia el control de la ira, adaptándose y creciendo con sus miembros a lo largo del tiempo.

En esencia, los grupos de apoyo y la ayuda entre iguales encarnan el principio de que juntos somos más fuertes. Ofrecen un espacio no sólo para gestionar la ira, sino para transformarla en una fuerza de cambio positivo, tanto en uno mismo como en la comunidad.

Recursos e información de contacto

Encontrar los recursos y contactos adecuados para obtener ayuda profesional sobre el control de la ira puede ser el primer paso hacia una forma más sana de gestionar las emociones. A continuación se ofrece una recopilación de diversos recursos, incluidos sitios web, líneas directas y organizaciones especializadas en el control de la ira y el apoyo a la salud mental. Esta lista pretende ser un punto de partida para quienes buscan ayuda.

Sitios web de información y apoyo

- **Asociación Americana de Psicología (APA): apa.org**

Ofrece abundante información sobre el control de la ira, incluidos artículos, consejos y resultados de investigaciones.

- **Instituto Nacional de Salud Mental (NIMH): nimh.nih.gov**

Ofrece información detallada sobre la ira y otros problemas de salud mental, incluidos síntomas, tratamientos e investigaciones actuales.

- **Mind (Reino Unido): mind.org.uk**

Ofrece apoyo y asesoramiento sobre control de la ira, problemas de salud mental y dónde encontrar ayuda en el Reino Unido.

- **Mental Health America (MHA): mhanational.org**

Contiene recursos para comprender la ira, herramientas de autoayuda y cómo obtener ayuda.

Servicios de terapia y asesoramiento

BetterHelp: betterhelp.es
Una plataforma en línea que proporciona acceso a terapeutas licenciados para ayudar a controlar la ira y otros problemas de salud mental.

- **Talkspace: talkspace.com**

Ofrece terapia en línea con profesionales que pueden ayudar con técnicas y estrategias de control de la ira.

Líneas directas de ayuda inmediata

- **Línea nacional de prevención del suicidio (EE.UU.):** 1-800-273-TALK (1-800-273-8255)

Disponible 24 horas al día, 7 días a la semana, para cualquier persona en apuros. Aunque no son específicos de la gestión de la ira, pueden proporcionar apoyo y recursos inmediatos.

- **Línea de texto para crisis (EE.UU.):** Text HOME to 741741

Un servicio de ayuda por SMS disponible 24 horas al día, 7 días a la semana, para cualquier crisis, incluidas las de ira.

Grupos de apoyo

- **Grupos de control de la ira:** Busca en centros comunitarios, hospitales o clínicas de salud mental locales sesiones de grupo para el control de la ira cerca de ti.

- **Comunidad de apoyo Mental Health America (MHA):** mhanational.org

Ofrece un directorio para ayudar a encontrar grupos de apoyo para diversos problemas de salud mental, incluido el control de la ira.

Recursos adicionales

- **Línea de ayuda nacional de** SAMHSA **(EE.UU.):** 1-800-662-HELP (1-800-662-4357)

Ofrece información general sobre salud mental y puede ayudar a localizar servicios de tratamiento y grupos de apoyo.

- o **Relate (Reino Unido): relate.org.uk**

Proporciona apoyo a las relaciones, incluida ayuda para controlar la ira en las relaciones.

Esta lista no es exhaustiva, pero proporciona una base sólida para buscar ayuda. Recuerda que pedir ayuda es un signo de fortaleza y el primer paso para controlar tu ira y mejorar tu calidad de vida.

Principales conclusiones

- Comprender las señales que indican cuándo se necesita ayuda profesional para controlar la ira es crucial.
- Estas intervenciones aportan valiosos conocimientos sobre las causas de la ira, enseñan a expresarla de forma saludable y promueven el crecimiento personal.
- Compartir experiencias y estrategias dentro de una comunidad de apoyo puede ser increíblemente validador y útil.
- Existen diversos recursos, como sitios web, líneas telefónicas de ayuda y organizaciones, que ofrecen apoyo y orientación para gestionar la ira de forma eficaz.

Resumen de medidas prácticas

- Preste atención a los arrebatos frecuentes, el impacto en las relaciones y los sentimientos de arrepentimiento como indicadores de que ha llegado el momento de buscar ayuda.
- Considera la posibilidad de acudir a terapia para descubrir las raíces de tu ira y aprender mecanismos de afrontamiento saludables.
- Conéctese con otras personas que se enfrentan a retos similares para compartir experiencias y aprender unos de otros.
- Utiliza los recursos y contactos de la lista para encontrar ayuda profesional adaptada a tus necesidades.

- Recuerda que buscar ayuda y trabajar para controlar tu ira es un signo de fortaleza y un paso hacia el crecimiento personal.

Al pasar página de la búsqueda de apoyo y ayuda profesional, nos dotamos de los conocimientos y herramientas necesarios para dar los siguientes pasos en nuestro camino hacia el bienestar emocional.

En el siguiente capítulo, "Crear una mentalidad resiliente", nos adentraremos en las estrategias para cultivar la resiliencia. Descubre cómo la resiliencia no solo puede ayudarte a recuperarte de los contratiempos, sino también a transformar tu forma de afrontar los retos, lo que te llevará a una vida más plena y equilibrada.

CCAPÍTULO 10

Avanzar con confianza

No es la más fuerte de las especies la que sobrevive, ni la más inteligente, sino la más receptiva al cambio.
– Charles Darwin

IMAGINA QUE ESTÁS AL BORDE de un vasto océano, las olas de ira y frustración que antes amenazaban con hundirte ahora ondean tranquilamente a tus pies. Has aprendido a navegar por esas aguas con destreza, pero el viaje no termina aquí. Este capítulo trata de navegar hacia delante con confianza, utilizando las herramientas y conocimientos que has adquirido para mantener el rumbo hacia el bienestar emocional.

> En el Capítulo 10, equipados con estrategias para afrontar futuros retos y abrazar el bienestar emocional con confianza.

En el Capítulo 10, exploraremos estrategias para mantener el progreso en el control de la ira, prepararse para futuros desafíos y abrazar un futuro de bienestar emocional. Con cada paso, aprenderás cómo construir sobre tus logros y afrontar el futuro de forma positiva y con confianza.

Mantener el progreso en el control de la ira

Mantener el progreso en el control de la ira es un viaje, no un destino. Implica un esfuerzo y un compromiso continuos para aplicar las estrategias que has aprendido y adaptarlas a medida que cambia tu vida. He aquí algunos valiosos consejos que te ayudarán a seguir construyendo sobre los progresos que has hecho en el control eficaz de tu ira:

Establece una rutina de autorreflexión

Reflexión periódica: Reserva un tiempo cada semana para reflexionar sobre tus respuestas emocionales y las situaciones que provocaron tu ira. Evalúa qué estrategias han funcionado y cuáles puedes mejorar.

Reflexione sobre los contratiempos: No veas los contratiempos como fracasos, sino como oportunidades de aprendizaje y crecimiento. Analiza lo ocurrido y cómo puedes ajustar tu respuesta en el futuro.

Seguir aprendiendo y creciendo

Recursos educativos: Manténgase en contacto con libros, podcasts y artículos sobre el control de la ira y la inteligencia emocional. El aprendizaje continuo puede aportar nuevos conocimientos y reforzar las estrategias existentes.

Talleres y seminarios: Participe en talleres o seminarios centrados en el control de la ira, las habilidades de comunicación y el alivio del estrés. Pueden ofrecer nuevas perspectivas y herramientas para manejar las emociones.

Adoptar estilos de vida saludables

Actividad física: El ejercicio regular es una herramienta poderosa para controlar el estrés y la ira. Busca actividades físicas que te gusten y conviértelas en parte de tu rutina.

Dieta equilibrada: La nutrición puede afectar al estado de ánimo y a las respuestas emocionales. Procura llevar una dieta equilibrada que favorezca tu bienestar general.

Centrarse en las relaciones positivas

Fomente las relaciones positivas: Invierte tiempo y energía en relaciones que favorezcan tu crecimiento y bienestar. Las interacciones positivas pueden servir de amortiguador contra el estrés y la ira.

Habilidades de comunicación: Sigue perfeccionando tus habilidades de comunicación, practicando la asertividad y la escucha activa. Una comunicación eficaz puede evitar malentendidos que podrían desembocar en enfado.

Mantener el progreso en el control de la ira es un proceso activo que evoluciona con el tiempo. Al incorporar estas estrategias a tu vida, refuerzas tus cimientos y sientas las bases para un crecimiento continuo y una resiliencia emocional.

Algunos ejemplos prácticos

Carlos creció en un hogar donde la ira era la emoción por defecto. Se encontró repitiendo este patrón con su propia familia, lo que le rompió el corazón. Sabía que tenía que romper el ciclo, pero no estaba seguro de cómo.

Carlos buscó ayuda a través de asesoramiento, donde aprendió sobre el concepto de "ira generacional". Trabajó para comprender la historia de su familia con la ira y desarrolló estrategias para expresar sus emociones de forma más sana. También inició reuniones familiares en las que todos podían compartir sus sentimientos en un espacio seguro.

Este nuevo enfoque acercó más a la familia de Carlos. Aprendieron a expresar sus frustraciones sin ira, fortaleciendo su vínculo. Carlos se sintió orgulloso de estar cambiando el legado emocional de su familia, demostrando que es posible liberarse de patrones dañinos y construir algo más sano para la siguiente generación.

Prepararse para los retos del futuro

Para seguir avanzando en el control de la ira, es fundamental afrontar las futuras situaciones que la provoquen con elegancia y resiliencia. La vida es impredecible, pero estar equipado con las herramientas adecuadas puede ayudarte a afrontar los retos sin volver a los viejos patrones. A continuación, te explicamos cómo prepararte para lo que venga:

Equípate con las herramientas y la mentalidad adecuadas para afrontar los retos futuros con gracia y resiliencia, garantizando un progreso continuado en la gestión eficaz de la ira.

Anticipar y planificar

Desarrolle un plan de respuesta: Desarrolle una estrategia para cada posible desencadenante. Por ejemplo, respirar hondo, contar hasta diez o hablar en positivo para calmarse antes de responder.

Refuerce su caja de herramientas emocionales

Ampliar las estrategias de afrontamiento: Continúe aprendiendo y practicando diversas estrategias de afrontamiento. Técnicas como la imaginación guiada, la relajación muscular progresiva o la meditación de atención plena pueden ser herramientas poderosas en diferentes situaciones.

Practique respuestas basadas en situaciones hipotéticas: Ensaye mentalmente cómo le gustaría responder en situaciones difíciles. La visualización puede ayudarte a prepararte para actuar de acuerdo con tus valores y objetivos cuando te enfrentes a desencadenantes de la vida real.

Mantener el equilibrio emocional

Autocuidado regular: Realice con regularidad actividades que fomenten el bienestar y la relajación. Ya sea hacer ejercicio, leer o pasar tiempo en la naturaleza, las prácticas de autocuidado pueden reducir los niveles generales de estrés y hacerte menos susceptible a la ira.

Fomentar relaciones de apoyo

Comunique sus objetivos: Comparta sus objetivos de control de la ira con amigos íntimos o familiares. Pueden ofrecerte apoyo, comprensión y, a veces, una perspectiva útil en los momentos difíciles.

Aprender de la experiencia

Vea los retos como oportunidades: Enfréntate a cada situación difícil como una oportunidad para poner en práctica tus habilidades y aprender. Reflexiona sobre lo que ha funcionado y lo que no, y ajusta tus estrategias en consecuencia.

Celebre los éxitos: Reconozca y celebre cuando consiga gestionar con éxito una situación difícil. Reconocer tus progresos refuerza el comportamiento positivo y aumenta tu confianza.

Manténgase flexible y adaptable

Esté abierto al cambio: Comprenda que lo que le funciona ahora puede necesitar ajustes en el futuro. Mantente abierto a explorar nuevas estrategias y adaptar tu enfoque a medida que creces y cambias.

> Mantente flexible y adaptable, porque el camino para controlar la ira eficazmente a menudo requiere ajustes a lo largo del camino. la ira.

Si te preparas con estas herramientas y estrategias, no sólo estarás listo para afrontar futuros retos, sino que te estarás preparando para continuar tu viaje de crecimiento emocional y resiliencia con confianza.

Principales conclusiones

- Mantener el progreso en el control de la ira requiere la práctica constante de las estrategias aprendidas.
- Prepararse para futuros retos implica anticipar posibles desencadenantes y planificar respuestas saludables.
- Fomentar una actitud positiva es esencial para el bienestar emocional, lo que incluye practicar la gratitud y rodearse de influencias positivas.
- La resiliencia se refuerza aceptando los retos, desarrollando una mentalidad de crecimiento y fomentando la inteligencia emocional.
- La comunicación abierta y una sólida red de apoyo son vitales para la salud emocional.
- El aprendizaje continuo y la apertura a la retroalimentación contribuyen al crecimiento personal.
- La práctica regular de la atención plena y los rituales de autocuidado son cruciales para mantener el equilibrio mental, físico y emocional.

Resumen de medidas prácticas

- Escribe tres cosas por las que estés agradecido cada día para cultivar la positividad.
- Fíjate el objetivo de aprender algo nuevo sobre gestión de emociones o desarrollo personal cada mes.
- Dedica un tiempo a la semana a relacionarte con amigos, familiares o grupos de apoyo.

Como el temperamento de Dana estaba afectando a sus amistades. Se enfadaba por pequeñas molestias y luego se arrepentía. Quería encontrar una manera de lidiar con su ira sin perder amigos.

Dana descubrió que la pintura le permitía expresar sus sentimientos sin palabras. Montó un pequeño estudio en su casa y cada vez que sentía que le subía la ira, recurría a su lienzo en lugar de arremeter contra ella.

Pintar se convirtió en la forma que tenía Dana de procesar sus emociones. Sus amigos notaron el cambio positivo en su comportamiento y Dana se sintió más en paz consigo misma. Su historia ilustra el poder de la expresión creativa para gestionar las emociones y sanar las relaciones.

Con las herramientas y estrategias esbozadas en este capítulo, estarás preparado para avanzar con confianza, basándote en tus progresos y afrontando los retos futuros con resiliencia y positividad.

CONCLUSIÓN

FELICIDADES POR TERMINAR tu viaje de aprendizaje sobre la gestión de tus problemas de ira. Hace falta un enorme valor para elegir un camino de superación personal porque, en su umbral, debes abandonar tu ego y abrazar tus defectos. Un poeta austriaco, Rainer Maria Rilke, dijo una vez: "El único viaje es el viaje interior". Y el hecho de que estés aquí, en esta página, atestigua que ya has dado los pasos más vitales para mejorar la calidad de tu vida, desde dentro hacia fuera. Este libro ha indagado en el matizado mundo de la ira adolescente, proporcionando ideas, estrategias y herramientas para navegar por este aspecto poco discutido y confuso de la vida de un adolescente. Al concluir nuestra exploración, dediquemos un momento a reflexionar sobre las lecciones más importantes aprendidas y comprometámonos a avanzar con confianza.

A lo largo de esta guía, hemos analizado la naturaleza polifacética de la ira en la vida adolescente, diseccionando sus desencadenantes, respuestas fisiológicas e implicaciones emocionales. Hemos desacreditado ideas erróneas comunes y nos hemos equipado con una comprensión más profunda del papel del cerebro adolescente en la dinámica de la ira.

Hemos aprendido a reconocer y comprender nuestra ira, identificando los desencadenantes personales y dominando el arte de la autoconciencia emocional. Al explorar las dimensiones físicas y emocionales de la ira, hemos adquirido conocimientos inestimables para gestionar y reducir la ira antes de que se descontrole. Hemos aprendido a mejorar nuestras relaciones y a proteger a nuestros seres queridos de los arrebatos irracionales de ira aprendiendo la importancia de establecer límites sanos y estrategias de comunicación eficaces. Partiendo de esta base, hemos perfeccionado nuestra inteligencia emocional, desarrollando las habilidades para gestionar las expectativas, las frustraciones y cultivando el autocontrol en diversos escenarios.

Nuestro viaje también nos ha llevado a explorar mecanismos y técnicas de afrontamiento, desde prácticas de atención plena hasta habilidades de comunicación asertiva, ofreciendo herramientas prácticas para el alivio inmediato y la gestión de la ira a largo plazo. Examinando el impacto de la tecnología en la ira y adoptando hábitos digitales saludables, hemos explorado cómo aprovechar positivamente la tecnología para controlar la ira.

Al terminar este libro y pasar a sus aplicaciones prácticas, recuerda que no estás solo. Como se ha comentado en el libro, reconoce la importancia de buscar apoyo y ayuda profesional. Acepta los beneficios del asesoramiento y la terapia, así como el valor de los grupos de apoyo y la ayuda entre iguales. Es hora de avanzar con confianza. Recordemos mantener el progreso en el control de la ira y prepararnos para futuros retos con resiliencia y una perspectiva positiva.

Ahora que ya cuentas con una gran cantidad de conocimientos y estrategias prácticas, te animo a que sigas adelante y apliques estas herramientas en tu vida cotidiana. Abraza el viaje del autodescubrimiento y el crecimiento personal, sabiendo que cada paso que das te acerca al bienestar emocional y a unas relaciones más sanas.

Difundir la sabiduría
Empodere a otros con su perspicacia

Ahora que has adquirido todas las herramientas para dominar tus emociones y superar los retos de la ira, es el momento de devolver el favor y guiar a otros lectores hacia la misma iluminación.

Simplemente compartiendo tus genuinos pensamientos sobre este libro en Amazon, no sólo ayudarás a otros adolescentes a encontrar la guía que buscan, sino que también encenderás su pasión por comprender y controlar su ira.

Gracias por su inestimable contribución. El camino hacia el dominio de la ira se sostiene cuando transmitimos nuestros conocimientos, y usted está desempeñando un papel crucial en ese empeño.

Deja un comentario

ABOUT THE AUTHOR

EMMA DAVIS es una mujer que lleva muchos sombreros. Es trabajadora social clínica, terapeuta y asesora financiera, además de autora de Gestión eficaz de la ira para adolescentes.

Sus libros están dirigidos a los adolescentes y abarcan una amplia gama de temas, como las habilidades vitales y de afrontamiento, las técnicas DBT, las finanzas, la pubertad, el desarrollo de una mentalidad de crecimiento y la planificación profesional. Se centra en los retos únicos a los que se enfrentan los adolescentes en su desarrollo emocional y fisiológico, dotando a los lectores de una base sólida para la comprensión.

Emma aprovecha la experiencia y los conocimientos de todas sus funciones, así como su experiencia como madre, para guiar a los jóvenes a través de la difícil etapa de la adolescencia. Dirige una consulta de terapia y una agencia de educación financiera adaptada a los adolescentes, y ha trabajado con una amplia gama de jóvenes que se enfrentan a distintos retos prácticos y emocionales. También dirige varios cursos en línea sobre el cultivo de las habilidades interpersonales, la gratitud, la felicidad y la alegría, así como 10 residencias para adultos con discapacidades y problemas de salud mental, que también informan su trabajo.

Emma está casada y tiene 9 hijos de edades comprendidas entre los 3 y los 22 años. Le gusta pasar tiempo con su familia, practicar jiu jitsu y desarrollar sus habilidades fotográficas.

Ayudando a los Adolescentes con las Finanzas, el Control de la Ira, la Salud Mental y la Planificación de la Vida Futura

De

EMMA DAVIS

Disponible en Amazon o dondequiera que se vendan libros

Para saber más sobre cómo ayudar a los adolescentes con las finanzas, el control de la ira, la salud mental y la planificación de la vida futura,

¡únete a mi boletín de noticias!
en www.emmadavisbooks.com

RREFERENCIAS

1. Spielberger, C. D., Krasner, S. S., & Solomon, E. P. (1988, 1 de enero). The Experience, Expression, and Control of Anger. Contribuciones a la psicología y la medicina. https://doi.org/10.1007/978-1-4612-3824-9_5
2. Batrinos, M. L. (2012). Testosterona y comportamiento agresivo en el hombre. Revista internacional de endocrinología y metabolismo, 10(3), 563.
3. Šimić,G.,Tkalčić,M.,Vukić,V.,Mulc,D.,Španić,E.,Šagud,M.,Olucha-Bordonau, F. E., Vukšić, M., & Hof, P. R. (2021, 31 de mayo). Understanding Emotions: Origins and Roles of the Amygdala. Biomolecules. https://doi.org/10.3390/biom11060823
4. Roemmich, J. N., & Rogol, A. D. (1999, 1 de enero). Cambios hormonales durante la pubertad y su relación con la distribución de la grasa. Wiley Online Library. https://doi. org/10.1002/(SICI)1520-6300(1999)11:2
5. Castillo-Eito, L., Armitage, C. J., Norman, P., Day, M., Doğru, O. C., & Rowe, R. (2020, 1 de junio). ¿Cómo se puede reducir la agresión adolescente? A multi-level meta-analysis. Clinical Psychology Review. https://doi.org/10.1016/j.cpr.2020.101853
6. Yadav, P. K., Yadav, R. L., & Sapkota, N. K. (2017). Ira; su impacto en el cuerpo humano. Innovare Journal of Health Sciences, 4(5), 3-5.
7. Staicu, M. L., & Cuţov, M. (2010). Ira y conductas de riesgo para la salud. Revista de medicina y vida, 3(4), 372.
8. Friedman, H. H. Cómo superar las distorsiones cognitivas: Cómo reconocer y desafiar las trampas del pensamiento que te hacen miserable.
9. Fiess, J., Rockstroh, B., Schmidt, R., & Steffen, A. (2015, 1 de diciembre). Regulación de la emoción y síntomas neurológicos funcionales: ¿Se convierte el procesamiento de la emoción en actividad sensoriomotora? Journal of Psychosomatic Research (Print). https://doi. org/10.1016/j.jpsychores.2015.10.009
10. Herringa, R. J. (2017, 19 de agosto). Trauma, TEPT y el cerebro en desarrollo. Informes actuales de psiquiatría. https://doi.org/10.1007/s11920-017-0825-3
11. Tang, Y. Y., Tang, R., & Posner, M. I. (2016). La meditación mindfulness mejora la regulación de las emociones y reduce el abuso de drogas. Dependencia de drogas y alcohol, 163, S13-S18.

12. Kövecses, Z. (2010, 14 de diciembre). Anger: Its language, conceptualization, and physiology in the light of cross-cultural evidence. De Gruyter. https://www.degruyter. com/document/doi/10.1515/9783110809305.181/pdf?licenseType=restricted
13. von Salisch, M., & Vogelgesang, J. (2005). Regulación de la ira entre amigos: Evaluación y desarrollo desde la infancia hasta la adolescencia. Journal of Social and Personal Relationships, 22(6), 837-855.
14. Debaryshe, B. D., y Fryxell, D. (1998). Una perspectiva evolutiva de la ira: Family and peer contexts. Psychology in the Schools, 35(3), 205-216.
15. Edición - Volumen 14, julio de 2017, número 3. (s.f.). https://biblioscout.net/journal/ pm/14/3#page=30
16. Lehane, O. (2019, 1 de marzo). Cómo lidiar con la frustración: Un estudio de teoría fundamentada de practicantes de CVE. DOAJ (DOAJ: Directory of Open Access Journals). https:// doi.org/10.4119/ijcv-3105
17. Wright, S. F., Day, A., & Howells, K. (2009, 1 de septiembre). Mindfulness y el tratamiento de los problemas de ira. Aggression and Violent Behavior (impreso). https://doi. org/10.1016/j.avb.2009.06.008
18. Bickram, S. (2019). A Quantitative Analysis between Anger and Assertiveness Communication Styles among Online Students (Tesis doctoral, Keiser University).
19. Malmir, R., & Nedaee, T. (2019). La relación entre el control de la ira y la actividad física. Salud, 21(4), 284-291.
20. Steffen, S. L., y Fothergill, A. (2009, 1 de marzo). 9/11 Volunteerism: A pathway to personal healing and community engagement. the Social Science Journal/la Revista de Ciencias Sociales. https://doi.org/10.1016/j.soscij.2008.12.005
21. Sharma, M. K., Sunil, S., Roopesh, B. N., Galagali, P., Anand, N., Thakur, P. C., Singh, P., Ajith, S., & Murthy, K. D. (2020, 1 de enero). El fracaso digital: Un motivo emergente de expresión de ira entre los adolescentes. Industrial Psychiatry Journal/Revista de Psiquiatría Industrial. https://doi.org/10.4103/ipj.ipj_81_19
22. Wollebæk, D., Karlsen, R., Steen-Johnsen, K., & Enjolras, B. (2019). Ira, miedo y cámaras de eco: La base emocional del comportamiento en línea. Social Media+ Society, 5(2), 2056305119829859.
23. Almourad, M. B., Alrobai, A., Skinner, T., Hussain, M., & Ali, R. (2021, 1 de noviembre). Digital wellbeing tools through users lens. Technology in Society (Print). https:// doi.org/10.1016/j.techsoc.2021.101778
24. Sadagheyani, H. E., Tatari, F., Raoufian, H., Salimi, P. S., & Gazerani, A. (2021, 1 de mayo). The effect of multimedia-based education on students' anger management skill. Educación Médica (Ed. Impresa). https://doi.org/10.1016/j. edumed.2020.09.020

25. Kassinove, H., y Sukhodolsky, D. G. (1995). Anger disorders: Basic science and practice issues. Temas de enfermería pediátrica integral, 18(3), 173-205.
26. Üzar-özçetin, Y. S. (s.f.). Effects of Structured Group Counseling on Anger Management Skills of Nursing Students | Journal of Nursing Education. Journal of Nursing Education. https://journals.healio.com/doi/abs/10.3928/01484834-20170222-10

www.ingramcontent.com/pod-product-compliance
Lightning Source LLC
LaVergne TN
LVHW010703110826

845149LV00014B/3209